贈り物と交換の文化人類学
人間はどこから来てどこへ行くのか

小馬 徹

神奈川大学評論ブックレット 9　　御茶の水書房

はじめに

「おはよう」の一言から、一日が始まります。あなたが会社員であれば、朝食を済ませ、朝刊を読んでから、バスや電車で職場にでかけ、郵便やEメイルで届けられた文書の束に向き合うことでしょう。仕事が引けると、またバスや電車に乗って家路につきます。帰りがけにコンビニでちょっとした物を求めたり、時にはデパートでプレゼントを買って帰ることもあります。そして、「おやすみ」の一言で一日が終わります。言葉や文字はもちろん、お金を使わない日も滅多になく、物を貰ったり贈ったりすることだって気をつけてみれば意外に多いものです。

考えてみると、私たちはこのように絶えず言葉や物やお金をやり取りしながら、それを少しも不思議だとは感じていません。でも、絶えず互いに何かを贈ったり、交換し合っている動物は人間の他にはないのです。すると、ものを贈ったり交換するというありふれた日常の事実が、どうやら人間が人間であることの秘密と深く関わりあっていそうです。

この小さな書物は、このような視点から贈り物と交換を全体的に論じようとするものです。また、それを通して、今まさに私たちを飲み込もうとしている世界の画一化（グローバライゼーション）に潜む問題を、その根元にまで遡って問い直そうとするエッセー（試論）でもあります。それゆえ、思考の翼を思い切り大きく自由に羽ばたかせて学問の垣根を縦横に越え、思う存分に越境を試みるつもりです。私のこの「命懸けの跳躍」の道連れとなって、皆さんも一緒に思索の森を踏み分けて下さることを願っています。

一　触れ合うことの心理と論理

右に述べたように、私たちの暮らしは、次々と紡がれる交換の糸から一枚の布地が織り上げられるがごとく、滑らかに滞りなく進んで行くように見えます。でも、日頃は見過ごしがちですが、身の回りのありふれた場面でも、紡がれる糸がふともつれて、贈り物や交換という営みの不思議な素顔が覗くことがあるものです。そんな場面を幾つか取り上げて考察しながら、この書物全体の展開に予め大まかな見通しをつけることが、この章の狙いです。

（1）三歳の孫娘の贈り物

まず、そのような場面を巧みに切り取った新聞の投稿記事を紹介しましょう。

敬老の日　私たち夫婦にプレゼントをするという五歳の孫娘。色紙を買ってきて折り紙を折ってくれた。三歳の妹の方は知らん顔。「何をくれるの？」と請求。しばらく考えていたが、「握手してあげる」と手を握ってくれた。触れ合いで感激。（山形県米沢市・涙もろい祖父・六一歳——『朝日新聞』一九九二年一〇月一一日）

投稿者が思いがけず発見したように、私たちが互いに贈り物をする目的が実は「触れ合い」にあるとすれば、身体の接触がそのもっとも直接的で具体的な形だといえます。日常生活の中で自然に抱き合ったりキスをしたりする習慣がない日本では、握手が社交的な身体の接触を代表する行動です。ただ、握手は友愛や和解のシンボルになるだけでなく、生きた身体の直接の触れ合いならではの温かみ、いわば、小さな官能を伴っています。以前、イタリアの観光地を訪れた日本の老婦人が、孤独の影が濃い一人のイタリアの老人から「握手券」と「抱擁券」を手渡された経験を綴った短文に接したことがあります。旅情に誘われて和やかに提案を受け入れた老婦人は、思いがけず深い感動が心を占めたと書いていました。この出来事のペーソスは全ての人生に通じていて、人間の生の秘密を鮮かに映し取っているように思われます。

先の投稿記事では、この秘密を直観的に感じ取っていたのは五歳の姉ではなく、なまの身体感覚がまだ生々と躍動している三歳の妹の方でした。姉は、敬老の日の贈り物を知識として、あるいは慣行として知っていました。人間の社会は、このように学習や教育を通して、握手のもつなまの身体感覚を抽象的な意味や機能に置き換えて制御し、密かに抑圧しているのです。

つまり、日頃私たちは贈り物をしきたり（制度）として受入れ、その本来の目的や原理が何なのか、深く思いをめぐらすことはありません。この話は、贈り物の目的が自分と他人との間の距離やズレを埋めて互いを近づけることにあると、あらためて気づかせてくれるはずです。お祖父さんが三歳の孫娘から貰ったものは握手の温もりだけ。姉との間のように物のやり取はありません。お祖父さんにとってそれが瑞々しく新鮮だったのは、贈り物よりももっと純粋な触れ合いがあること、また贈り物がそれとは異なって見返り（反対給付）を期待する慣行であることを再認識させられたからです。ここに顔を覗かせているのは、純粋な贈り物と「贈与交換」の違いという、微妙で、しかも真に根源的な問題です。

（2）「差しつ差されつ」の論理学

ここで、同じコラムへの投稿記事をもう一つ紹介しましょう。

何となく損した　なじみの店へ行った。新顔の隣の客は二級酒を飲んでいる。こちらは一級酒。そのうちに、その客と意気投合して、差しつ差されつの仲になった。杯が空けばつぎ、つがれ……。結局は、二級酒を飲んでいるつもりの隣の客はこちらの一級酒を、その一級酒を飲むはずのこちらは、二級酒を飲むはめになった。（三重県名張市・酒級廃止を歓迎する男・六二歳

――『朝日新聞』一九九二年四月一九日）

これは、酒のやり取り（献酬）のエピソードです。一緒に酒を飲むことの目的は、心の垣根を取り払うことでしょう。すると、支払いを均す（割り勘）だけでなく、飲む量も同じであるのが理想的です。例えば、南フランスの大衆レストランでは、大概、食事代に安ワインの代金が含まれています。見ず知らずの二人の客が偶々同じテーブルで相席になると、一方が自分の瓶から相手のグラスにワインを注ぎ、相手も同量を注ぎ返します。これを反復して、二人の間にわだかまるぎこちない空気を解きほぐすのです。

もっと有名なのが、イギリスやその旧植民地のパブ（居酒屋）で見られる、ラウンドという奢り方です。偶々意気投合した人たちは、一人一人が順々に他の全員に一杯ずつビールを奢ります。一旦飲み始めると、皆のラウンドが終わるまで抜けられません。イギリスでは、割り勘は合理的でもみみっちいやり方だと蔑まれ、「オランダの奢り方」（durch treat）と呼ばれるのです。

さて、この二番目の投稿記事は日本酒の等級が廃止される直前のものです。二人は、間違いなく、同じ量だけ日本酒をやり取りしています。問題は、二人が飲んだのが同じ酒かどうかの判断です。日本酒だから同じだとも、また、別の等級の酒だから違うともいえるのがミソ。酔いが回り始めた後では、もう味に甲乙はないでしょう。でも、一級酒と二級酒では明らかに値段が違います。

ラウンドでは、同じものを同じ量だけ飲んで、支払いも均一です。割り勘は、同じものを飲み、飲む量が違っても支払いは均一です。そして投稿記事の場合、同じ（種類の）ものを同じ量だけ飲んで、支払い額が均一ではありません。投稿者は、どうしてもこの不釣り合いが気になって、相手のようには幸せな気分に浸り切ることができなかったのでした。

もう少し一般化すれば、どちらの酒も人を酔わせる効用（使用価値）は同じだけれども、値段で表される価値、つまり他の物と交換される時の価値（交換価値）は異なるということです。ただ、もし投稿者が歓談の愉快さを心から求めていたのなら、交換価値は問題にはならなかったでしょう。人生の他のどんな場面でも、結局これと同じことがいえます。たとえば、第一の話を思い出して下さい。お祖父さんは、孫娘の握手というまったく無形の贈り物（サービス）にこれ以上ないほど感激していました。

私たちは、実際、贈り物や交換の仕方を場面ごとに、ほとんど苦もなく切り換えて生きています。社会によって定まっている複雑なその仕組みが、人々の心のあり方や生き方の大枠を慣行として決めているからです。しかし、第一の記事のようにちょっと見方をずらせば、それは決して万全でも、最良でもないかも知れません。第二の記事は、そこに潜んでいた小さな裂け目から覗いた交換の秘密を敏捷に写し取ったスケッチなのです。

第一話のお祖父さんと三歳の孫娘の間のように、まったく損得抜きの交換関係だけで生きられたら、どんなにか幸せなことでしょう。第二話で投稿者がひっかかりを感じたのは、相手が初対面の他人だったからです。第一話のお祖父さんが当事者だったとしても、同じように感じたのではないでしょうか。つまり、どこの誰に対しても交換価値へのこだわりを捨てて付き合うというわけにはいきません。一言でいえば、それは、私たちの社会では経済が社会から分離して他の全ての制度を圧倒し、そして支配しているからです。

（3）交換の論理、経済の論理

私たちの物のやり取り（交換）には幾つかの仕方があることが分かりました。即ち、第一話のように損得を顧みない仕方、ラウンドのようにきっちりと誰にも損も得もさせない仕方、経済活動のように必ず得をしなければならない仕方などです。

ここで、酒のやり取り（献酬）について簡単な整理をしておきましょう。問題は、①飲むのが同じ酒かどうか、②飲む量が同じかどうか、③代金の支払い額が同じかどうかです。各々の項目の「異／同」によって、全体で8（＝2×2×2）通りの組み合わせが考えられます。先の南フランスの安レストランの例では、三つのどの項目でも条件は完全に均等（同／同／同）になります。いわばそれを形式的に徹底したのがラウンドです。

一方、第二話のような場合、あるいは、日本の居酒屋やスナックの常連客同士が偶々一緒に飲むような場合には、三つのどの項目についても条件を完全に別々（異／異／異）にするのが普通でしょう。つまり、全て手前持ちにするわけです。この二つの組み合わせ（「同／同／同」か「異／異／異」）に限って、①②③の項目間相互の関係はきれいに整合され、負担は完全に公平になります。しかし、それ以外の六つの組み合わせ、つまり「同」と「異」が入り交じって不整合になる場合、人々の経済的な負担は不公平なものになってしまいます。

ただ、それらの組み合わせが不合理だとも、また不必要だとも単純にはいえません。例えば、先輩や上司が奢る（奢らせてあげる）ことは、先輩後輩関係や社会的な序列の確認と承認になっています。逆に謝恩会では、日常の序列を逆転させ、学生が恩師を招待して感謝の意を表します。また、表向きはそうしておいて、恩師たちから二次会の資金を調達する場合もあります。それらの不整合が正しいかどうか、あるいは愉快かどうかの判断は、当事者同士の関係と心理次第です。

ただ、その不整合がもたらす費用負担の不公平は、優遇された側に負い目を感じさせることになります。そして、優遇された側がその負い目を暫定的に受け入れて後で贈り返せば、「贈与交換」による連帯関係が生まれます。また、負い目を恒常的に受け入れれば庇護と従属の上下関係が、逆に追い目を速やかに拒否すれば敵対関係が生まれるでしょう。つまり、①②③の項目間の関係が不整合になる組み合わせは、形式的な公平さをなんらかの意味で超えた駆け引きと、より踏み込んだ人間関係を表現しているのです。

それらとは逆に、①②③の項目間の関係が整合されるのはたった二つの組み合わせ、つまりいずれも負担が公平なラウンド（同／同／同）と、酒場で偶然隣同士になった他人がてんでに飲む場合（異／異／異）でした。では、この両者の間で何かどう違っているのでしょう。

偶然隣同士になった人たちは、互いに気儘に振る舞い、相手を拘束しようとは考えません。でも、ラウンドはそうではありません。一旦飲み仲間に加わったら、全員が一渡り奢り終えるまでは抜け出せないのです。ラウンドでは、参加者が各ラウンドごとに奢る側と奢られる側に分かれて入れ替わり、奢られた側には必ず暫定的な負い目が生まれます。それで、順々にラウンドを重ねて、その負い目を清算し、一巡することで完全に対等になります。そしてこの時点で、新たな関係を作る動機はなくなります。ただ、それまでは順々に負い目を引受けては返してゆく連鎖が、人々を濃密に結び付け、精神を高揚させていくのです。公平な負担は、どちらも飲み終えた後の自由な人間関係を保証します。しかし、これら二つの場合を決定的に隔てるのは、「無関係ゆえの初めからの自由」と「濃密な関係を経たうえでの自由」です。没交渉が前者の、友情が後者の結果として残ります。

第二話の投稿者は、いわば、酒場で偶々隣合わせた他人同士の関係をラウンドの関係に切り換えようと試みたわけです。しかし、①飲むのが同じ酒かどうか、という項目の判断で躓いてしまいました。こうしてみると、ラウンドは後腐れのない友情を築くことができる、実に巧みな飲み方であることがわかります。ラウンドに人々が求めているのは、何かと何かの交換ではなく、誰かとの交換そのものなのです。つまりラウンドは、不足を補い合うことを目的とする経済的な交換の他に交換それ自体を目的とする社会的な交換が存在していて、それが人間が生きていくうえできわめて重要な働きをしていることを教えてくれるのです。

（４）賢者の贈り物？

では、本当のところ、私たちは交換の幾つかの仕方をどう組み合わせ、繋ぎ合わせるべきなのでしょうか。アメリカの短編小説の名手、O・ヘンリーがこの普遍的な問に与えた答が、「賢者の贈り物」という有名な小品です。

舞台は、恐らく二〇世紀の幕が上がったばかりのニューヨーク郊外。ある年のクリスマス・イヴのことです。家賃が週八ドルの安アパートに住む年若い主婦デラは、この日の朝からしきりに深い溜め息をついています。ここ何ヵ月か、夫のジムに素晴らしいクリスマス・プレゼントを贈るのだという幸せな思いを密かに胸に温めて、一銭の無駄もせずに倹約してきました。でも、今、手元にあるのは、たった一ドル八七セント。ひとしきりむせび泣いた後、デラは意を決してカツラ屋に出掛け、膝まで届く自慢の長髪を二〇ドルで売り払いました。そして、プラチナの時計鎖を二一ドルで買い求めたのでした。夫がもう恥ずかしがることなく、祖父から受け継いだ立派な金時計をすんでポケットから取り出して見られるように、と。

夕方、勤めから帰ったジムは、本物のベッコウ製で、宝石に縁取られた横髪用と後髪用が一組になった美しい櫛をデラに差し出しました。それは、ブロードウェイのショーウインドウに飾ってあり、持てるとは夢にも思わないまま、自慢の長髪に似合いの色だとデラが憧れ続けていたものでした。こうして、ジムは櫛の代金を作るために、大切な形見の金時計をもう既に売り払っていました。ジムの週給は二〇ドル。他に術がなかったのです。

この物語の語り手は、自分が綴ったのは「アパートに住む愚かな二人の人の子の、さしたる波瀾もない物語」だと言います。そのうえで、物を贈り贈られる人々の中でこの二人こそが真に賢明なのだ、彼らこそが飼い葉桶の中の嬰児イエスを訪ね当てて素晴らしい贈り物を捧げた東方の賢者なのだ、と話を締め括っています。

愛する者に無私の精神から捧げる無償の贈り物。無上の愛を確かめ合う、物や金銭など一切の価値を超えた贈り物。それが「賢者の贈り物」でしょう。この年のクリクマス・イヴ、ジムとデラの貧しい食卓には他の毎日と変わりなく、骨つきの厚切り肉が乗せられただけでした。でも、確かに、この世で最も幸せな二人だったことでしょう。

この感傷に彩られた、美しくロマンチックな一篇の名作。そのペーソスに異議を差し挟めば、きっと野暮の誹りを免れません。ただし、生きた現実の社会を考えようとする者にとっては、どうしても目を瞑って済ませられない点があります。O・ヘンリーの短編は彼自身の見聞に基づいていて、それなりのモデルがありました。すると、実際のジムとデラは、彼らの現実の暮らしの中でも、果してこの上ない幸せ者だったのだろうか、という点です。

デラは、一ドル八七セントを倹約するために、八百屋や肉屋など、どの店でも毎度小うるさく値切り続けました。しみったれた買い方への無言の非難を肌身に感じて、顔から火の出る思いをじっと耐え忍んできました。つまり、デラのジムに対する接し方（触れ合い）と、町のそこここの店の人々に対する接し方は、まるで正反対のものだったのです。本当の「賢人」とは、誰に対しても無償の贈り物ができる人、そして誰とでも和やかな心の触れ合いを確かめ合える人であるはずです。でもデラとジムは、二人の愛を至上のものにすることに専念し、他の多くの人たちとの関係を犠牲にしてしまったのです。

貧しく慎ましい暮らしは若者だけのものではなく、半生を勤め終えた老人たちのものでもあります。そして、経済の振るわない世界中の多くの地域では、世代を超えて、等しく人々全体のものです。このような場合、ジムとデラのように、私的に内閉することでかろうじて確保できる一種悲愴な贈り物に全てを賭け、それにセンチメンタルな救いを見出す以外には、「賢者の贈り物」を実現する手だてがないのでしょうか。私のこの小さな書物は、その答を求めて、ここから長く曲がりくねった道のりを辿り始めることになります。

二　贈り物をするサル

さて、ここで論点を一旦大きく変えてみましょう。先に、いつも互いに何かを贈りあったり、交換している動物は人間だけだといいました。この章では、特にそこに焦点を当て、人間が人間になった条件としての贈り物と交換について踏み込んで考えてみたいのです。

（1）求婚の贈り物

確かに、動物の中にも、贈り物をするものがあります。ＴＶのドキュメンタリー番組などを通じて比較的よく知られているのは、深山で見られるアカショウビンです。アカショウビンはカワセミの一種で、夏に南方から日本にやって来ます。全身燃えるような朱色をしたこの美しい渡り鳥の雄は、獲った小動物を雌に贈ろうとします。もし雌が贈り物を受け取れば、求愛は成功です。気をつけてみると、もっと身近にもよく似た行動をする鳥がいます。春に南からやって来て海岸や河原に巣を作るカモメ科の渡り鳥、コアジサシがその一例です。この鳥の場合、小さな魚が贈り物です。ただ、このような行動は繁殖期に雄が雌に求愛する時に限られ、しかも遺伝的に本能によって決定されています。次に、ガガンボモドキという肉食性の昆虫を例に、その事情をもう少し詳しく見てみましょう。

ガガンボモドキは藪に棲み、他の小さな昆虫を捕まえると、尖った口（口吻）をその獲物に差し込み、消化液で体の内部を溶かして吸い取ってしまいます。雄は、求愛の時期には、獲物をもって草や木の細い枝からぶら下がり、フェロモンを出して雌を誘います。雌がやって来て雄に向かい合うように枝にぶら下がると、雄と雌が贈り物の引っ張り合いを始め、雄は雌の隙を狙って交尾しようとします。面白いのは、贈り物が小さかったり、不味かったりすると、雌が交尾を拒否したり、途中で打ち切ったりすることです。まるで、この小さな昆虫が贈り物を値踏みしているみたいではありませんか。

動物のこの種の贈り物を、動物行動学では「婚姻贈与」（nuptial gift）と呼びます。ただ、ガガンボモドキの贈り物には、雌の気を引くだけでなく、ちょっと込み入った事情があるらしいのです。カマキリの雄が交尾の最中や直後に雌に食べられてしまうことは、よく知られています。肉食性で強力な武器をもつ動物の交尾には、往々こうした厄介な問題が付きまといます。ガガンボモドキもその一例で、雄の婚姻贈与は、雌が贈り物を食べている間に安全に首尾よく交尾を済ませようとする行動が進化したものだと考えられているのです。

（2）生殖ぬきの性行動

ところで、驚くべきことに、霊長類のボノボは、性行動を生殖からはっきり切り離して、いわば「社会的」な目的にも用います。ボノボが発見されたのは一九二八年。コンゴ川大湾曲部の内側（南側）だけに約一万頭棲息し、やや細身で顔の両側の毛がふさふさしている他はチンパンジーにそっくりで、以前はピグミーチンパンジーと呼ばれていました。

霊長類の内、ヒト上科は、ヒト（人間）が属するヒト科の他に、テナガザル科とオランウータン科に分かれます。オランウータン科は、さらにオランウータン属、ゴリラ属、チンパンジー属に三分され、チンパンジー属には約二五〇万年前に枝分かれしたチンパンジーとボノボがいます。チンパンジー属と人間は特に近縁で、約七〇〇万年前に分岐したのですが、今でも遺伝子の九八パーセント以上を共有しています。

しかし、人間に最も近いこれら四種類の類人猿も、暮らし方には大きな違いがあります。オランウータンは各個体がほぼ巣独で暮らし、ゴリラは一頭の大人の雄と何頭かの大人の雌、ならびにその子供たちからなる群で生活します。一方、チンパンジーとボノボは、何頭かの大人の雄と雌と子供たちからなる詳を作りますが、個体間の性関係は複雑（乱交的）です。

チンパンジー属の二つのサルの群は構成が似ているものの、その暮らしぶりには際立った対照が見られます。チンパンジーの雄の間には厳格な順位性と上下関係があって、「ボス」（第一位のアルファ雄）が権力を振るい、時折大仰な威嚇行動を繰り返しては群全体の締めつけを図ります。皆で異端者を惨殺することさえあるようです。さらに、各々の群は明らかな縄張りを持っていて、群同士の雄の対抗関係は実に苛烈です。出会えば、皆殺しを辞さない残虐な戦いが起きかねません。肉食も大好きで、時折、群で様々な種類のサルやイノシシやカモシカの子どもなどの狩りをします。

ところが、ボノボの順位関係は不鮮明です。個体同士の関係も対等と平等の要素が強く見られて平和的で、権力的ではありません。攻撃的な行動も激しくなく、多くもありません。群同士が出会って緊張が高まった時でも、リーダーの雄同士がお尻をくっつけ合って押し合うこと（「尻付け」）などの儀礼行動によって、争いは大概巧みに回避されているようです。そして、ボノボは肉を食べない、完全な草食主義の動物なのです。

融和と攻撃。互いにごく近縁のボノボとチンパンジーの暮らしの特徴をこのようにくっきりと染め分けた要因は、性行動の違いにあります。先に述べた通り、ボノボは、しかも人間の他ではボノボだけが、きわめて明確に「社会的」な目的で活発に性行動をします。しかも、驚くべきことに、ボノボの性行動は異性の大人同士に限られず、同性の大人同士、また大人と子供の間でも活発に行われます。そして、複雑多岐な性交渉は日常生活の隅々にまで広く深く浸透していて、個体同士の種々の関係を巧みに調和させているのです。

「社会的」な性行動が特に頻繁に行われるのは、緊張や不安が高まる場面です。大型肉食獣などの敵や他のボノボの群の接近を感知すると、しばしば交尾が始まります。日頃、群の中の個体の間でも、食物をめぐる緊張関係の調整が重要です。雄たちに近づいた雌が、クルリとお尻を向けて誘惑（「プレゼンティング」）して交尾し、交尾の後に食物の分け前にありつくのはよくある光景です。チンパンジーやゴリラでは雌同士は関係が希薄ですが、ボノボの雌同士は抱き合って性皮をリズミカルにこすりあわせる「ホカホカ」（「性皮こすり」）をしきりに行います。これは、雌同士の緊張を解きほぐす挨拶行動なのですが、食物を持った他の雌に「ホカホカ」を仕掛けて分け前にありつく場合も珍しくありません。この場合、「ホカホカ」は特に入念に、しかもやや長目に行われます。雄同士は、緊張が高まると向き合って枝からぶら下がり、勃起した性器のぶつけ合い（「ペニス・フェンシング」または「チャンバラ」）や「尻つけ」をします。この他に、チンパンジーや、ニホンザルなどのマカクザルでも見られる、「背乗り」（「マウンティング」）を行います。

一般に、動物の雌は妊娠中は交尾をしません。でも、高等なサルは例外です。雌ザルたちが妊娠中も交尾をするのは、雄との関係を円滑にして群のまとまりをよくするためです。だから、やはり「社会的な」性行動だといえるでしょう。ただ、ボノボの例が特異で、また重要なのは、それが他の雌を巻き込むだけでなく、贈り物に関わりがあるからです。チンパンジーでは、狩りの獲物の肉を雄が奪い合って「分配」しますが、植物性の食物は母親が子供に分け与えるだけです。一方、先に述べた通り、ボノボの雌は交尾や「ホカホカ」をして食物を手にいれることがある他、自分のものではない赤ん坊や子供にも食物を分け与えます。

ここに、贈り物とそれを通じて形作られる真の社会関係の萌芽を見て取ることができるでしょう。人間に当てはめられるような厳密な意味での社会関係とは、ある程度自立した個を前提とする概念です。また逆に、その場合の個とは弧絶したものではなく、社会関係の中で初めて成立し得るような個なのです。つまり、この意味での社会関係と個は、互いを媒介にして同時的に成立するのです。今、存在するだけで自動的に成立する個体の内面性を、心理学の用語を借りて「自我」(ego)、社会性を組み込んだ個体の内面性を「自己」(self)と呼べば、自己の萌芽はボノボにおいて初めて見いだされるといえるでしょう。

(3) ボノボと「賢者の贈り物」

さて、一層驚くべきことがあります。ボノボでは子供や赤ん坊までもが性行動に広く、また深く巻き込まれていて、一歳未満の赤ん坊の内から交尾や「ホカホカ」の真似事を始めます。ボノボの大人は、抱き上げて「高い高い」をしたり、仰向けの手足で支えて「飛行機」をしたり、口づけをしたりして赤ん坊をあやします。ただし、これは人間やチンパンジーにも見られる行動です。しかし、それればかりか、ボノボの大人の雌は雄の赤ん坊たちとも「交尾」をします。しかも、実の母親も雄の赤ん坊とそうするのです。ボノボの間でまだ観察されていないのは、大人の雄とその母親の間の交尾だけ。この組み合わせ以外なら、性や年齢に関係なく、ボノボは誰とでも頻繁に多角的な性交渉をもつのです。優位の雄が雌を独占することもなく、雄たちが交尾の順番待ちをすることさえあります。

大人の雌雄が生殖のためにする性交渉、つまり射精を伴う交尾以外は、「社会的」なものだといえます。それは、自然の側から見れば、生殖に繋がらない「不毛の性」でもあるでしょう。大人の異性同士の交尾は一回平均十数秒と短いうえに、射精を伴わない場合も少なくないのです。ボノボの異性間の性交渉は、この意味でも、他の動物のように、一括して単純に交尾と呼んで済ませられない複雑な形と意味をもっています。ボノボは、多型的な「不毛の性」に積極的な意味を見いだしていると考えなければなりません。

特に興味深いのは、大人の雄が雌の赤ん坊をあやしながら、勃起した自分の性器をその赤ん坊の性器にこすり付けることです。ただ、少しも暴力的ではなくて、挿入を伴いません。雌の赤ん坊が、相手の男性器を握って、自分からあてがうこともあります。この場合が典型ですが、雌同士の「ホカホカ」に限らず、ボノボの「不毛の性」はいわば人間の握手、頬ずり、キス、抱擁など、社交的な儀礼としての「触れ合い」に当たるといえるでしょう。

ボノボは、性の意味と働きを可能な限り多方面に拡張し、それを活用して優劣関係や上下関係を排除しようとしています。たとえば、雌が「ホカホカ」をして他のメスから食物の分け前を貰おうとする場合、下になるのは食物をもっている雌、いわば優位な雌の方です。他のサルでは決してないことですが、雄が雌に食物をねだることも普通に見られます。ボノボは、そうすることで上手く負い目を中和して、対等な関係を維持しようとしているようです。それは、贈り物や交換によって関係を構造化する可能性をあえて抑え込むことであり、ひいては自己と社会の成立を回避することでもあるはずです。ボノボは、一言でいえば、性関係を高度に発展させてきたのだといえます。人間が家族と共同体を生み出したのとは全く逆の方向に向かって、性関係を高度に発展させてきたのだといえます。

このように、ボノボは個体間関係の調整のほとんど一切を、つまり人間なら言葉などの別の手段ですることまでも、性交渉を媒介にして行います。だから、異常に性的な、実に驚くべきサルに見えることでしょう。でも、人間と比べると、ボノボの暮らしの方が遙かに自由気ままで、相互関係が和やかなことは明らかです。偏見を捨てて素直に見れば、「社会的」な性交渉を介して優劣や上下関係の芽を絶えず即座に摘み取っている彼らの世界こそが、桃源郷なのではないでしょうか。ボノボの社会生活は、いわば第一章に引いた握手の贈り物のエピソードのお祖父さんと孫娘のように、感覚的な「触れ合い」を何よりも重んじ、損得抜きの贈り物で編成されます。しかも、それが全ての個体関係に等しく及ぼされているのです。

贈り物には、贈り物と意識した瞬間に既に純粋な贈り物ではなく――見返りを意識した贈与交換に――なるという逆説があります。でもボノボは、言葉を持たないことで、贈り物という意識もその芽のうちに摘み取っているわけです。だから、あえていえば、ボノボこそが純粋な「賢者の贈り物」によって暮らしを組織している動物なのです。

三　交換する人間

いうまでもなく、明らかに社会的な目的で多様な性行動をするもう一つの動物は人間です。人間の社会には、ボノボの群とは異なる決定的な原則があります。それは、性の厳格な禁止と、その違反に対する社会的な制裁です。また、人間とボノボとでは、贈り物や交換についても大きな違いが見られます。つまり、ボノボは物と物とを交換しません。先に紹介した例は、性のサービスと食物の交換、つまり互いに与え合う「互酬」としての交換と見るよりは、一方的な贈り物の萌芽、しかもその抑制されたあり方だと見なすべきでしょう。

（1）インセスト・タブーの発明

人間とボノボの「触れ合い」のもう一つの根本的な違いは、人間だけが特別高度に発達した言語、つまり音と意味の二つの次元で同時に切り分け（分節）が行われる（二重分節される）言語、つまり有節言語を使って「触れ合い」をすることです。

ところで、類人猿の「言葉」の能力については、ジョージア州立大学言語研究センターのスー・

サベージ＝ランボーによる、ボノボの飼育実験が有名です。特に、雄のカンジ（Kanzi）が、絵文字を使って、英語による日常会話を研究者とほとんど不自由なく行う事実が、世界中を驚嘆させました。カンジは英語の音声をそのまま聞き分けます。しかも、人間の子どもと同じように、訓練を受けずに言葉を身につけたのです。ただし、野性のボノボが文字を発明したわけでも、またカンジの実験が野性のボノボの生活や内面を明らかにしたわけでも全くないことを見逃してはなりません。カンジの名前は、東アフリカのスワヒリ語で「埋もれた宝」を意味する語から取られています。カンジは、自然の中のボノボのあり方ではなく、その名前の通り、ボノボがもっている潜在的な言語能力の驚くべき高さを証明したに過ぎません。高度な言葉を用いるのは、やはり人間だけだと考えるべきなのです。

さて、フランスの人類学者C・レヴィ＝ストロースの説を援用すれば、ここに挙げた人間とボノボの「触れ合い」の三つの違いには同一の起源があるといえます。それは、人間がボノボのように性行動の自由度を高めて生活の隅々にまで押し広げるのではなく、その代わりに、性に禁止を持ち込んで厳しく制限したことです。一般的にいって、禁止は欠乏を生み、欠乏は交換によって埋め合わされます。つまり、人間は女性の交換を生み出すために、性行動の領域に制度としての厳格な禁止を導入したのでした。

この根源的な禁止が、インセスト・タブー（incest taboo、近親婚〔と近親姦〕の禁忌）です。インセスト・タブーが生み出す女性の欠乏は、自然的な不足ではありません。それは、禁止が制度として課された結果、自分たちの手元に現に存在するものを利用できなくなったがゆえに生じる人工的な欠乏、つまり根拠が自然のどこにもない欠乏なのです――それは質的な欠乏であって、量的な不足ではありません。

インセスト・タブー、つまり、群の男性たちが自分たちの姉妹や娘を性的な伴侶とすることを諦めて外に送り出す仕組みは、逆に自分たちの伴侶を外から迎え入れることによって裏打ちされる必要があります。こうした「女性の交換」が結婚という制度なのです。

結婚が、女性を交換する「我々」と、その交換相手である「彼ら」を同時に切り分けました。つまり、我々と他者が相互媒介的に創り出され、内と外が一気に制度として成立したのです。こうして、明確な輪郭をもつ集団である家族が生まれました。日本語で家族をウチというのは、こうした事情の遙かな記憶のゆえであり、決して偶然ではありません。

（2）自然の性差の強化

結婚という制度がもたらしたのは、男女という自然的な区別の強化でした。男性は結婚によって女性を交換する者（交換の主体）に、女性は交換される者（交換の客体）になったわけです。また、それゆえに、男性は家集団間の関係を政治的に調整する公的な存在に、女性は家集団の内部に鎖された家内的な存在になりました。人間では、性もまた単なる自然的な区分ではありません。結婚という制度が成立すると、「自然の性」（sex）の差異が人為的に様々に拡張され、各々の集団に固有な

「文化的な性」（gender）の差異が作り出されました。同様の仕方で、女性の交換に関わるべき者と関わってはならない者、つまり大人と子供の区別も明確化されました。その結果、人間の性は、制度としての結婚を通じた生殖という、狭い範囲に囲い込まれたのです。

ボノボは、性交渉を出来る限り自由にして社会生活の隅々に浸透させ、実質的に群の全成員を巻き込みました。その結果、性や成熟度の差異、さらには血縁関係の有無による差異が極限まで均され、全ての個体の間に可能な限りの平等で対等な関係が築かれました。一言でいえば、個体間のあらゆる自然的な差異を排除して、全ての関係を性の「触れ合い」によって融和的なものにする戦略をとったのです。一方人間は、これとは全く逆に、性の差別化と禁止を根幹に据え、個体を自然のあり方以上に強く差別化する戦略をとりました。そして、ボノボの世界とは裏腹な形で性を社会化した、もう一つの固有の世界を生み出したのです。

（3）言葉と経済の成立

近親婚の禁止がもたらしたのは、女性の交換（結婚）だけではありません。女性を受け取った家族集団は、送り手の家族集団に、必ず家畜や食物、あるいは労働奉仕などのサービスを贈り物（婚資）として与えました――日本の結納を思い出して下さい。さらに、こうして結びついた二つの家族集団の間でコミュニケーションを確実に保つには、交換する音声のメッセージを統一しなければなりません。その結果、言語が成立して発達します。女性の交換と同時に、物とサービスが女性の流れとは反対方向あるいは同方向に、またメッセージが双方向に家族集団の間を移動するという、二つの別の次元での交換（経済と言語）も生み出されました。これが、原初の象徴的な交換としての結婚と経済と言語の起源についての、レヴィ＝ストロースの理論の骨組みです。

人間がこのような全体的な（分析的には三重の）交換を発明したのは、恐らく何らかの原因によって人口が急増するか集中し、群と群との調和が生存を維持する必須の条件になったゆえだと考えられます。ボノボは、あくまでも群内部の個体間の調和と平和を最優先して、個とその対等性を何よりも尊重する相互関係を洗練させせました。一方人間は、集団間の調整と平和を最重視して、重層的な社会関係を発展させせました。つまり、性と年齢の区別を基に個人を家族集団の役割に縛りつけて徹底的に管理し、女性をいわば物のように交換して家族集団間の政治的連帯を図りました。このような統合が、地域社会である共同体を生み出したのです。これは、チンパンジー型の暮らしをしていた人間が、群と群との間の激しい抗争を解決するために発明した、画期的な工夫だったに違いありません。

しかしそれは、今日までなお続いている、個人、特に女性にとっては問題の多い、抑圧的な社会制度の始まりだったともいわなければならないでしょう。

（4）言葉と性愛

さて、原初の全体的交換の三つの側面であるこれらの発明がもたらした生の飛躍は、一方では実に目ざましいものでした。特に言語の獲得は、動物から人間という存在の未知のあり方へと移行し、新たな生の可能性を切り開くうえで決定的な役割を果たしました。

というのも、環境結合性という動物の生存条件から人間を脱け出させたのが、他ならぬ言葉の力だったからです。例えば、生まれたての赤ん坊が母親の乳首をちゃんと自分で探り当てるように、本能のおかげで、動物は身体を通じて外界の物理的な区切りを感じ取ること（「身分け」）ができます。ところが言葉は、これとは全く異なる外界の区切り方（「言分け」）と組織の仕方を人間にもたらしました。そして、言分けが身分けを圧倒し去ったのです。

言葉の働きは、ある音がある対象へと指し向けられ、両者が関係付けられて意味が生まれることにあります。この働きを考える場合に重要なのは、どの音をどの対象に結び付けるのかについて、どこにもその自然的な法則がないことです。そればかりか、ある音の纏まり（語）が指し向けられる対象として外界のどの部分を一括りにするのかについても、やはり決まりがありません。分かりよい例を挙げれば、日本語でサカナというところを英語ではfishというわけですが、本当はサカナとfishとは同じ一括りなのではありません。サカナには鯨、シャチ、イルカなどが入り、fishには貝、クラゲ、イカ、タコ、ヒトデ、ウニなどが含まれるので、両者にはかなりのズレがあるからです。

外界と言葉との関係は、砂場の上に餅網をかざした状態を考えると理解しやすいでしょう。砂の上に陰を落とした餅網の網目は、砂場の砂を幾つかの小さな部分に区切ります。次に、魚焼き網をかざすと、その陰は同じ砂をまた別の仕方で区切ります。そのようにすると、誰もが感じ取れるはっきりとした区分ができるわけです。ただ、物質としての砂そのものは、どんな網をかざそうと、全く変化しないで元のままです。言語は、ちょうどこの網の目ような仕方で外界を区切り、各々の一区切りに思い思いの音（名前）を割り当てているのです。だから、この区切りは実在しないのですが、人間は言葉の指し示すものを、その意味を媒介として心に思い描いて、他のものから明確に区別することができ、それに働きかけます。その意味で、言葉はものを創り出して存在させる根源的な力なのであり、人間とはこうした「言分け」を現実として生きる動物なのです。

つまり、言葉の力とは、名前を対象に差し向けて関係付け、意味を生み出す力、言い換えれば想像する力です。こうして、人間は自分を相手に関係付け、相手に共感する経験を通して、感情や、明確な意識と記憶を獲得したのです。

女性の交換制度（結婚）が成立すると、男性は、最も親密な女性である姉妹や娘を性的には諦めなければならなくなりました。言葉によって想像力を獲得した人間は、その結果、禁じられた女性への精神的で、純化された、抽象的な愛を生み出しました。

ところで、性には子孫を残す生殖という側面の他に、オーガズムやエクスタシーという快楽の側面があります。高等なサルの生活には、楽しみとしての性の側面が見られます。つまり、彼らの間では、同性愛行動も含む性交渉の様々な形が広く観察されているのです。先に見た通り、中でもボノボの性行動が最も複雑に発達しています。ところが、ボノボの性交渉は頻繁ではあってもごく短時間で済まされ、しかももっと下等なサルと比べても情感が著しく乏しいのです。ボノボの性は、生殖から大きく解放されている反面、快楽からも遠ざかり、いわば人間の言葉の代わりとして、個体間の定型的なコミュニケーションの手段となってしまった感があります。

一方、すぐ右に述べた理由から、人間は、性の営みを単なる感覚的な性交渉から精神性を伴った性愛（エロス）へと高めました。それは、集団の内と外を相互媒介的に創り出し、我々と他者を制度として一気に成立させた根源的な分離としてのインセスト・タブー以前に帰って、再び内と外とを合一することへの飽くなき希求としてのエロティシズムです。そして、この心の動きこそが恋愛や芸術活動の奥底に潜められているものなのです。このようなものとしての性愛は、多様ながらも淡白な性のコミュニケーションを営むボノボには窺い知ることのできない、深い葛藤を内に秘めた情念的な快楽であり、しかもよく自制された心の力によってのみ達成されるものなのです。

四　互酬、再配分、市場交換

前章までに詳しく描いた通り、人間が人間になったのは、インセスト・タブーによって群の「内／外」が同時に成立し、群に輪郭と求心力を与えて家族集団とすると同時に、家族集団同士を連帯させて共同体として統合する仕組みが生まれた結果でした。この見方によれば、最初の「経済」も、この全体的交換の一つの次元ということになります。すると、その場合、今私たちが生きている世界の経済活動を分析する実用的な学問である、いわゆる経済学（ポリティカル・エコノミー）の理論は役に立ちません。それは、次の事情によるのです。

（1）分離した経済、埋め込まれた経済

今、私たちの生活の基盤をなしているのは近代的な市場（資本主義）経済です。その最大の特徴は、できるだけ僅かの費用でできるだけ大きな利潤を得る功利的な方法（利潤極大化原則）を追求する仕組みだということです。そして、市場経済は、需要と供給による価格形成メカニズムという、形式的（formative）な論理によって自己調整する働きを組み込んでいます。だから、形式として現実の社会からある程度自立していて、逆に自らの抽象的な論理を押しつけて社会を支配し、変化させようとするのです。この意味で、「（社会から）分離した経済」（separated economy）と呼ばれます。

一方、それ以前の「経済」は、少なくとも農牧業が始まった約一万年前の新石器革命以来、大局的には、人間がインセスト・タブーの成立をきっかけに動物の環境拘束状態を脱け出して以来、連綿と続いてきた性格のものでした。即ち、それは、家族集団相互の同盟によって統合される共同体を維持するために、女性、財貨、言語を交換する包括的な営み、一言でいえば人間と共同体を再生産していく全体的な相互活動の一側面でした。経済とはそうした全体的な社会交換の一次元であって、日常の自給的生産の不足を補うためにする交換ということでは決してなかったのです。贈り物は、主観的には、あるいは特定の個別的な場面だけに限れば、一方的な財貨の提供に見えます。し

かし、その深層の構造から見れば、やはり全般的な相互扶助に関わる宗教、倫理、法、政治、審美などの総体としての全体的な意味を担う、シンボルの互酬交換を構成する行為なのです。

ここで、分かりやすい例を引きましょう。人類学者B・マリノフスキーが調査した南太平洋のトロブリアンド諸島では、日本の山芋に似たヤムイモが主食ですが、自分が丹精して作ったヤムイモは自分では食べずに姉妹の夫たちに贈りました。そして、自分たちの食べる分は、妻の兄弟から贈られていたのです。ヤム芋は、いわば女性と同様に内部で消費することが禁じられていて、しかも家族集団の間を女性と同じ方向に移動したわけです。そして、出来ばえを誇る展示とそれに伴う演劇的行為がありました。このように、ヤム芋の贈与には、それに纏わる多彩な儀礼、細かな作法、厳しい倫理、豊かな神話的解釈などの様々な次元が見られました。

このような意味での「経済」は、実体的で形のあるものとして社会の中に深く埋め込まれています。そして、人間の日々のあらゆる営みと不可分に絡み合っているのです。それゆえに、「(社会に)埋め込まれた経済」(embedded economy)と呼ばれます。

つまり、産業化される以前の社会では、家族集団の間で一定の仕方で贈り物の交換が行われ、安定した相互関係が築かれていました。このような均衡の取れた関係一般を「互酬」(reciprocity)と呼びます。経済人類学者K・ポランニーは、社会を統合する交換の形態として、この他に「再配分」(redistribution)と「市場交換」(market exchange)を挙げました。再配分は、家族集団や社会の中心への物(財貨)の求心的な集中と、逆に中心から周縁への物の遠心的な配分からなっています。そして、市場交換は任意の集団や個人の間の財貨の単発的な交換です。再配分は、王や、国家での政府の役割、家族での家長、世帯での父親の役割などを具体的に念頭におけばイメージが掴みやすいでしょう。

市場交換的な要素は、埋め込まれた経済の中でも当初から見られましたが、それがそのまま近代的な市場経済、即ち資本主義経済を意味していたわけではありません。つまり、共同体の内側で物やサービスを市場を通じて交換することは、近代以前にはなかったのです。ポランニーは、交易、貨幣、市場（しじょう）という三つの要素が不可分に結び合いながら展開する近代的な市場経済は、互酬や再配分に比べると普遍的でなく、近代のヨーロッパで生まれて徐々に広がり、やがて世界を支配することになった特殊な交換の形であると考えています。

（2）分配というもう一つの交換

ところで前章では、結婚、つまり女性の交換システムを強く原理的に描きました。しかし、それが厳格な形で実施されるようになったのは、実は、次に述べるように新石器時代以降のことだと考えるのが妥当でしょう。

およそ一万年前に、農耕と牧畜という新しい暮らし方が始まります（新石器革命）。すると、結婚は家族集団間の連帯関係を実現する手段としてと同時に、もう一つ、別の面でも重大な意味をもつことになりました。それは、家族集団の財産を引き継ぐ者である子孫を確保する手段という新たな意味です。なぜなら、農業や牧畜が成立すると、家族集団による土地の占有が始まり、土地が生産手段としての耕地や放牧地となります。すると、家族集団は耕地や放牧地に対する権利を防衛し、世代を超えて受け継ごうとするようになりました。この時に初めて、子供が無くてはならない貴重な財産としての性格（希少性）を帯びるようになったのです。もっとも、狩猟採集を生業としていても、例えば、北アメリカ北西部から（三内丸山遺跡に代表される）日本北部に到る地域に見られた定住的で安定した狩猟採集社会でも、子供がほぼ同様の価値をもっていたといえるでしょう。

それ以前の小規模な狩猟採集の社会では、より豊富な食物に恵まれた土地を求めて絶えず遊動を続けることが、暮らしの基本原理でした。このような状況では、インセスト・タブーは、ひとえに女性の交換を通じて他の家族集団との協調を図って共同体を生み出すための規則です。生産手段の相続者としての子供の希少性はまだ明確ではありません。即ち、大切なのは結婚による政治的な連帯でした。遊動的な狩猟採集を生業とする人々は、複数の世帯からなる小さな集団（バンド）に分かれて暮らしていて、各世帯はバンドからバンドへ自由に移り住みました。しかも、文化人類学による現代の狩猟採集社会の研究によると、成熟した子供たちは、親の世帯が一時的に属しているバンドからそれぞれ他の別々のバンドへと移り住むことが多いのです。このように遊動と自由な離合集散を原理とする社会の場合、家族集団（ここでは世帯）の間で結婚によって交換されるのは、論理的には、男性と見ても女性と見ても大差ありません。

しかし、子供が希少な財になると、その結果として女性も希少な財となりました。子供を産めるのは女性であって、男性ではないからです。男性一人と女性五人、男性五人と女性一人の配偶関係のそれぞれから生まれる子供の数を考えてみれば明らかな通り、子供の数を決定するのは一方的に女性の数です。そして、交換されるのは、常に希少性を帯びたものです。その結果、農牧革命以後は女性の交換が必然となりました――父系制であれ、母系制であれ、交換の主体が男性であり、客体が女性である点では全く同じです。産業化される以前の社会では、一夫多妻婚がいつでもどこでもほぼ普遍的であったのに対して、一妻多夫婚がごく特殊で例外的な条件下できわめて稀にしか見られなかったのも、全く同じ理由によります。

農牧革命の前後で、人々の交換のあり方も劇的に変化しました。それ以前の遊動的な狩猟採集社会の人々の暮らしを支配していた原則を「分配」（sharing）と名付けることができます。文化人類学者小田亮は、「分配」を互酬、再配分、市場交換と並んで、社会を統合するもう一つの交換形態と見ています。遊動的な狩猟採集社会で最も優先される原則は、遊動の妨げとなる剰余を作らないことです。例えば、ゾウのような巨大な獲物を仕留めた場合も、とことん食い溜めをして、全ての肉を余さず消費し尽くすのです。つまり、その場で「分配」し尽すわけです。

今日の狩猟採集社会の研究によると、狩りの獲物の肉は、直接獲物を仕留めた者だけでなく、弓矢など、実際に獲物を仕留めるのに使われた狩猟具の持ち主、獲物の追跡に加わった者、肉をキャンプ地に持ち帰った者など、何らかの仕方でその狩りに関わった人々の間で、貢献度に応じてまず分配されます。次いで、親族関係の遠近に応じてその各々の取り分が幾つもの世帯に分配され、それでもまだ肉を分配されていない世帯は、親戚や友人から分け前を貰います。しかも、その分配された肉が料理される時には、あちこちの世帯から食器が持ち寄られ、肉はさらに細かく分配されます。このように幾つもの基準による分配が何度も繰り返され、組み合わせられる結果、どの世帯にもほぼ等しい量の肉が行きわたることになるのです。

出入りの自由なバンド集団が絶えず遊動し続ける社会では、自然は生産条件であっても生産手段ではなく、生産手段と呼べるのは、むしろ弓矢や槍や網のような狩猟道具の方です。ただ、遊動社会では分配原則の徹底が社会的連帯の基盤をなす以上、それらの「生産手段」の世襲は、決定的に有利な生存条件を確保することには必ずしもなりません。

（3）交換と社会の類型

小田亮は、負い目の関係から、四つの形の交換の働きを次のように整理しました。分配は負い目を曖昧にし、互酬は持続させ、再配分は永続させ、そして市場交換は払拭します。そして、そのそれぞれが「遊交」（一時的な機械的連帯）、「義理」（持続的な機械的連帯）、「恩」（持続的な有機的連帯）、「無縁」（その場限りの有機的連帯）の関係を導きます。ここでいう機械的連帯と有機的連帯は、フランスの社会学者E・デュルケムが提唱した概念で、同じ役割をもつ対等な者同士の結びつきと、全体をなしながらも異なる役割を分担する異質な者たちの間の結びつきとを、各々意味しています。

ポランニーは分配という形態を考慮しなかったのですが、互酬、再配分、市場交換はそれぞれ固有の制度で、それらの間には歴史的な発展関係がなく、現実にはどこでもこれら三つの形態の交換が組合わさって社会が統合されているのだと主張しました。

私は、前節で、互酬、再配分、市場交換に歴史的に先立つ交換の形態として分配を描きました。とはいえ、実際には遊動的な狩猟採集社会にも、互酬、再配分、市場交換が見られます。即ち、肉を分配し合う親戚や友人の世帯同士の間には互酬としての、また各々の世帯のメンバーの間には再配分としての交換が存在します。さらに、狩猟具の所有者と使用者の間には、いわば市場交換が成り立っているといえるでしょう。だから、類型間の関係を歴史の時間軸へと短絡的に置き直すことには慎重であるべきです。しかしながら、どの交換の形態が中核的な役割を果たすかによって社会を類型的に把握することが、一応は可能だと考えます。ここでも、小田亮の議論を手助けとしてそれを概観してみましょう。

裁判も権威的なリーダーも存在しない遊動的な狩猟採集社会では、バンドの構成員の間に紛争が起きた場合、当事者の誰かが他のバンドに移ることが唯一の解決の方法となります。ただ、こうした社会にも中心的な権威をもったリーダーがいる場合があります。そして、定住的な農業社会や牧畜社会ではそれが普通でした。このリーダーが首長で、彼の役割は、家族集団の間の紛争を調停して調和（平和）を維持する者（調停者）となることでした。彼の地位は実力（権力）ではなく、弁舌の力や公正無私な態度などから得られる威信（権威）によるのですが、気前の良さも重要です。特に、南米や南太平洋の先住民の間では、自分だけがせっせと働いて気前よく振る舞うタイプの首長（「ビッグマン」）が多く見られます。そして、往々、首長だけは複数の妻をもつことが認められています。

ここで気がつくのは、彼が性、言語、財貨の三つの次元で特別な存在だということです。先に、インセスト・タブーに由来する全体的な互酬交換が、結婚、言語、経済を同時に成立させたのだと述べましたが、首長はその三つ全ての次元で互酬交換の構造を脇へと、つまり同じ目の高さを維持しながらはみ出した存在です。この同次元でのはみ出しこそが、調停者に家族集団の互酬をめぐる紛争を超えた「無私」の者としての権威を付与するのです。即ち、首長とは、明確な共同の利害（「公」）を創りだすために、共同体から「排除」された役職を担う者だといえるでしょう。裏返せば、首長制社会では、（彼がそれから排除されている）互酬こそが中核的な交換の形なのです。

王も調停者ですが、彼は暴力を独占することで平和をもたらします。政治の基礎は集団内外の利害関係の調整にあります。家族集団は、内部での配偶関係を禁じるのと同様に、内部での暴力の行使を禁じます。その一方で、外部へ女性たちを送りだすのと同様に、外部に対してのみ暴力を行使します。家族集団は、こうした暴力を伴う自助によって維持されるのです。ところが王は、家族集団が暴力を行使する権利を取り上げて独占し、家族集団間の暴力的な自助を封殺すると共に、家族集団間の紛争には暴力を用いて直接介入します。また、人々から財貨と女性を貢納させると共に、排他的に法（言語）をも司るのです。つまり、王とは、全体的交換である互酬の全次元に上方から超越的に介入して、中心としての自分へと財貨、女性、言葉、暴力を一旦集積し、その後で人々に再配分する役割を担う者です。もちろん、王には、集中した財貨の再配分を通じて、弱者の福祉を担う者としての側面もありました。王のこの両面性、つまり暴力の独占と福祉の独占は、やがて国家へと引き継がれることになります。

（4）市場経済の成立

それでは、市場交換は一体どこから生まれたのでしょうか。これまでに詳しく見てきた通り、産業化以前の社会とは、（分配・互酬・再配分という）「全体的な交換」によって、家族集団を統合して形作られた共同体のことでした。ところが、市場交換はそれに関わらない、任意の個人（や集団）の間の、その都度限りの財貨の交換です。例えば、市川光雄が報告したように、狩猟採集民であるコンゴのムブティ・ピグミーの間にも、生産手段としての狩猟道具の貸し借りと、貸手の取り分という観念が見られます。ただ、そうした萌芽的なものは別にして、市場交換を組織立てた商業（商品交換）は、共同体の内部で行われる全体的交換とは全く異なる起源をもっていると考えなければなりません。右のムブティの例にしても、狩猟に参加せず、弓矢を貸しただけのメンバーにも獲物の肉が分配される事実は、共同体内部での分配というシステムを破壊したり否定するのではなく、むしろ強化しています。それは、近代に土地が私有され、労働が商品として売買される状況とは明確に異なるものです。

市場交換を司る商業は、K・マルクスの述べた通り、一つの共同体が終わり、その共同体がもう一つ別の共同体（かそのメンバー）と出合う所、つまり境界で始まり、共同体の管理下に置かれました。市場交換の場を境界部に限定するのは、共同体を統合している原理である全体的交換を安全に確保しておく必要があったからです。市場交換は、村外れ、城壁で囲まれた都市の外縁、港、川原、坂など、共同体の周辺部で行われました。

例えば、日本中世史を研究した石井進は、南は相模湾に面し、他の三方を山で囲まれた鎌倉から外部に通じる七つの切り通しの出入口（鎌倉七口）の一つ、化粧坂（けわいざか）が、次のような地点であったことを明らかにしました。つまり、刑場であり、墓地であると共に、市が立つ交易と商業の拠点であり、さらには遊女たちが屯する盛り場でもあったのです。坂は、境（さか）でもあります。また、材木座海岸は中世の集団墓地があった所ですが、中国を初めとする東アジアとの貿易拠点となった鎌倉港が築かれたのもここでした。異界との接点としての境界とは、またこのように、様々な意味での外部に通じる地点だったのです。

ところで、前に、ウチという語が家族という制度の成立の遠い記憶を宿していると書きましたが、商いという語にも古い歴史の余韻を聞き分けることができます。商いとは「秋ない」、つまり農閑期である秋に、農民が収穫物や、織物などの加工品を交換したことが語源であるといいます。言語学者のE・バンヴェニストは、インド＝ヨーロッパ諸語の間に、商業を指す共通の語根がないことに気づきました。しかも、商業を意味する英語（business）、フランス語（*affaire*）、ラテン語（*negotium*）などの単語は、いずれも暇がなく忙しいことを意味しています。つまり、それらは日本語の「秋ない」と同じく、本来暇である農閑期に暇を塞ぐ活動として、農民が商業を始めた事情を窺わせるのです（なお、「ない」は元来「なひ」で、「音なひ」のように行為を表わす接尾辞です）。

彼は、逆に、インド＝ヨーロッパ諸語には、「与える」と同時に「受け取る」ことも意味する共通の語根があったことを突き止めました。そして、ドイツ語では「買う」（*kaufen*）から「売る」（*verkaufen*）が、ギリシャ語では「貸す」（*daneizo*）から「借りる」（*daneizomai*）が派生した、と述べています。ただし、これは何もインド＝ヨーロッパ諸語に限ったことではありません。中国語の売買（賣買）という語にも同様の事情が窺えます。また、私自身が長年調査してきたケニアのキプシギスの人々が話す南ナイル語系の言葉でも、「買う」（*al*）から「売る」（*aldo*）、「借りる」（*pesen*）から「貸す」（*pesendo*）が派生しています。近縁のウガンダのセベイ語では、「買う」（*yaal*）から「売る」（*yaalie*）が分かれました。丹念に探せば、世界中から数多くの類例が見つかることでしょう。

これらの言語的な事実は、共同体の全体的交換の脈絡で「与える＝受け取る」という意味で使われていた単一の語から、やがて「与える」・「受け取る」、「貸す」・「借りる」、「売る」・「買う」という一対の語群が分岐してきた事情を示唆しています。全体的交換では、M・モースが『贈与論』で述べた通り、贈り物は受け取った側が負い目を感じ、適当な時間をおいて必ず贈り物をし返すことになります。だから交換は、本質的に対称的で、双方向的なものでした。全体的交換は、「贈る」・「受け取る」・「返す」を一連の循環過程として実行することを促す倫理や、それを強制する法をも未分化な形で組み込んだものだったのです。だから、全体的交換はこの意味で対称的なのです。

一方、共同体のメンバー以外の者、つまり「異人」(stranger)との間で行う異なる財貨の交換である物々交換(barter)は、当然非対称的なものです。もちろん、交換される財貨の異質性は「与える」ことと「受け取る」ことの非対称性をも意識させたことでしょう。しかも、それはその場で貸し借りが清算されて負い目を生み出さない、その場限りの一回的な交換です。

しかし、決定的なのは商品取引に伴って貨幣が必要となったことです。同じ種類の物の交換である全体的交換とは違って、異なる種類の物の交換を前提とする物々交換は、当事者双方の「与える欲求」と「受け取る欲求」がその場で同時に満たされなければ成立しません。交換のこの困難を克服するには、価値を通分する基準として、どうしても貨幣が必要になります。そこで、穀物や塩や家畜、あるいは貝や布や貴金属などの様々な物が、その土地土地で、何らかの合意のもとに貨幣として使われました。

貨幣による商品取り引きが、物々交換の成立条件である交換の同時性を確保することの困難性を一応は克服しました——実は、商品は売れることで初めて交換されるのですから、貨幣は交換の困難性そのものを克服するわけではないのですが。共同体の個々のメンバーは、貨幣によって初めて、共同体に縛られることも、また交換当事者双方の要求が偶々一致する稀な機会に依存することもない、自由な交換を実現したのです。ことに重要なのは、貨幣が交換から負い目の連鎖を取り除いたことでした。共同体や他人に拘束されない自由の獲得を可能にした貨幣が、その後、人間の生の条件を根底から変えることになります。

（5）ラウンドとクラ交換

やがて商業（商品交換）へと編成されていく市場交換は、右のように共同体の内部で行われる全体的交換とは異なる仕組みと起源をもっています。この事情は、マリノフスキーが研究した、メラネシアのクラ（*kula*）と呼ばれる交換の事例を見ると一層よく理解できます。クラ（正確には「遠洋クラ」）は、ニューギニアの東端部とその東側に広がる幾つもの諸島群を包み込む、マッシムと呼ばれる広大な地域で行われてきました。この複雑な全体的交換の慣行は、個々の島々や諸島を次々に縫い合わせて、壮大な交換の環を形作っているのです。

さてここで、まず、第一章で考察した、イギリスのパブの、ラウンドという酒の飲み方を思い出して下さい。各々の参加者が順番に他の全員にビールを一杯ずつ奢るのですから、費用の負担はあらゆる意味で完全に公平です。誰一人として、得もしなければ損もしません。しかし、奢る者は自分のラウンドでは飛びきりの気前好しとして振る舞い、他の者はその気っ風を喜び讃えて、場が大いに盛り上がります。そして、互いの友情を確認し合うのです。多くのイギリス庶民の男性にとっては、近くに行きつけのパブがあり、そこでラウンドを楽しむことが、何よりの生き甲斐になっているようです。

クラ交換には、ある意味で、ラウンドによく似た側面があります。もっとも、仕組みはずっと複雑で、しかも遙かに大規模です。実際には、ラウンドで交換されるのはビールだけです。ビールの贈り手は順繰りに回っていって、やがて一巡します。仮に、ビールを贈られた者が各ラウンドの終りにビールの贈り手に葉巻を贈る規則が伴っていたとしましょう。すると、葉巻はビールとは反対方向に循環し、二重の交換の環が出来上がります。

クラは、幾つもの島々の間を時計回りと反時計回りに受け渡される二つの財貨が描く二重の交換の環として、全体をイメージすることができます。時計回りの財貨が赤いウミギクの首飾り（ソウラヴァ）、反時計回りの財貨が巻き貝の白い腕輪（ムワリ）で、どちらも実用品でなく、重要な儀礼的な機会にのみ身につける威信財です。一旦クラの相手が決まると、長年にわたる贈答関係が成立します。そして、（ヴァイグアと総称される）クラの財貨の受け取り手がカヌー船団を仕立てて遠洋航海を組織し、相手を訪問する決まりがあります。例えばAがBから或るソウラヴァを貰い受けると、半年ほど後に、今度はBが或るムワリを貰い受けにAを訪ねて来ます。こうした交換の連鎖によって、二種類の財貨がクラの環を双方向に次々に巡って行くのです。こうして、マッシム地域ではクラ交換を通じて一つの大きな文化圏が形作られました。

クラは、遠洋航海に耐えるほど大きな、しかも凝った作りのカヌーの建造から始まります。かつてマッシム地域には食人の慣行があり、クラ相手の訪問には、遠洋航海の他にも大きな危険が伴いました。だから、クラ仲間は親しい友人であるだけでなく、訪れた島では唯一の庇護者でもありました。クラで交換されるそれぞれのヴァイグアには一つ一つ違った名前が付けられ、その獲得に纏わる様々な冒険譚や苦労話が交換や着用の都度語られます。そうした栄光に満ちた歴史の厚みをもっていればいるだけその財貨の威信が増し、クラ交換の対象として熱望されるのです。この意味で、ヴァイグアはいわば王冠や競技のトロフィーであると共に、人々の記憶を刻みこんだ歴史書でもあり、さらには心躍る物語の書でもあるということができるでしょう。しかも、誰もが一度は手にすることが出来る王冠、名を刻むことができる歴史書、英雄となれる物語なのです。マッシム地域の男性は、クラを生き甲斐とし、クラに命を賭けて生きてきました。

しかしながら、クラはそれに尽きるのではなく、同時に、日常生活に欠かせない実用的な品々の物々交換の機会を用意するものでもあります。この物々交換は、ギムワリと呼ばれます。クラは、儀礼的な、あるいは演劇的ともいえる、定式化された所作で型通りに行われます。一方、ギムワリでは、受け取りを拒否したり、値切りの駆け引きをしても少しも構いません。クラは特定の固定的なクラ仲間との間で行われますが、ギムワリはクラの機会を利用して誰とでもできます。クラはあくまでも友情を築くために、また自らの生き甲斐のために行うものですが、ギムワリはただ日常生活上の実利を求めるためのものなのです。

マリノフスキーによるクラ慣行の参与観察の分厚い記述は、功利的な市場交換が共同体を統合する全体的交換とは異なる起源をもっていることを説得的に示しています。しかも、全体的交換による共同体の成立が市場交換の前提条件なのであり、その逆に、市場交換が共同体の統合を用意するのではないことを教えてくれるのです。

ここであらためて注意しておかなければならないのは、貨幣は、家族集団を凝集させると共に共同体を創り出す全体的交換には無用なもの、つまり共同体にとっては外部的な要素だったことです。また、物々交換にも関わらないものでした。しかしながら、前節で見た通り、やがて貨幣が市場交換に導入されることになります。この時に、市場交換が商品取り引きの質を獲得し、近代的な市場交換、即ち資本主義へと変質を始めるのです。

(6) 時間、空間、資本

貨幣が「与える＝受け取る」という一連なりの行為を「売る」と「買う」へと分離させた事実は、人々の時間のとらえ方が決定的な変化を被ったことをも意味しているはずです。全体的交換では、贈り物に対しては、適切な間をおいて必ず贈り物が返されます。この場合、時間は円を描いて循環するものとして観念されることになります――クラを思い起こして下さい。そして、時間とは、長い目でみればお返し(反対給付)を前提にした贈与交換でしかありえない贈り物を「無私の贈り物」、いわば「賢者の贈り物」に変える魔法の力として働くものだったのです。というのは、全体的交換の循環の環は、一つの場面だけを切り取ってみれば、常に一方的な贈り物として現れるからです。お返しまでにかかる時間が長ければ、この魔法はそれだけ強力になります。

一方、共同体の外の異人と行うその場限りの市場交換は非対称的です。物々交換は、しかも時間の隔たりがゼロである場合にのみ成立するのです。ところが、貨幣という外部的な媒介が生まれて売りと買いが分離すると、閉じた円環ではない、新たな時間の意識が生まれました。つまり、時間は、どこまでも真っ直ぐに伸びていくものとなりました。それが、現在の私達の時間観の出発点でした。この間の事情は、次のようにいえるでしょう。

自分の財貨と引き換えに異人から貨幣を受け取るとは、財貨を実際に受け取ることを先延ばしすることです。しかも倫理や法を不可分に組み込んだ全体的交換の場合とは異なって、実質的な財貨を受け取ることが保証されているわけではありません。それは自分自身の責任で相手に信用を与えることですが、貨幣は同じ道筋を辿って次々に人々の間を移っていく可能性に開かれています。だから、貨幣を受け取るとは、それでもなおかつ相手にすすんで信用を与えること、言い換えれば永遠に決済されない（かも知れない）貸し借りを認めることです。いわば、何時とは知れない不確かな未来という時間を自覚したうえでの賭け、つまり将来への投機でした。だから、共同体の統合から切り離された自由な交換とは、その始まりから投機としての性質をもっていたわけです。個人の自由とは、共同体の全体交換から離れた投機の自由として始まり、またあらゆる時代を越えて常にそれを原理としているのだと考えなければなりません。

言い換えれば、市場交換とは差異に信用を与えて、差異から価値を引き出すシステムです。それによって、時間は、交換を贈り物に変えて人々の関係を均す魔法の力から、差異を利用して利益（剰余）を生み出すもう一つの魔法の力に姿を変えました。いうまでもなく、銀行などの金融業とは、信用を原理とする世界の中で、時間の差異を利潤に変える仕組みのことです。

市場交換は、時間の差異と同時に、空間の差異を不可欠の要素としてシステムに取り込みました。

物々交換は、空間的な価値の差異に依存する交換です。貨幣による売りと買いの分離は、空間の差異を無限に拡大することを可能にしました。そして、空間の差異を利用する商業は、時間の差異を利用する金融業と結びついて、剰余を生む資本へと貨幣を変質させたのです。かくして、商業資本主義が成立しました。

資本主義は、やがて生産手段である土地と生産力である人間の労働までも商品に変えます。それが、市場交換がもたらした、直線的で、しかもそれゆえに計測可能な新しい時間の観念を前提としていることを見逃してはならないでしょう。

狩猟・採集社会でも、ある意味での生産手段と労働力の分離が見られました。しかし、生産手段としての土地と労働力の分離は、生産手段としての狩猟具の持ち主と狩猟者との分離と同じ性格のものではありません。後の場合、その分離は、狩猟社会の全体的交換の形態である分配を押し進める手だてになっていました。しかし、土地と労働力の分離は、資本家が労働者を使って剰余を作り出し、資本を増殖させることに奉仕したのです。

これが産業革命から生まれた産業資本主義、つまり、一つの国民経済の中に存在する二つの価値体系の差異を利用して利潤を生む、資本の新たな動きです。その二つの価値体系とは、市場で労働力と商品が交換される比率（実質賃金率）と、生産の現場（生産過程）で労働が商品に交換される比率（労働生産性）のことです。労働力の価値と労働による生産物の価値と言い換えればわかりやすいでしょう。資本家はこの両方に同時に関わっています。一方、生産手段から切り離されてしまった労働者は、労働が商品と交換される比率に関与できません。そこで、資本家は、この二つの価値体系の間の差異を、まるで地上の二つの隔った社会における価格の差と同じように利用して、利益を得るのです――あたかも、貿易商人のように。それは、具体的には、労働者の賃金を低く抑え込む一方、その生産物を商品として市場で高く売ることでなしとげられました。

この一種の「貿易」は、国内の農村（周縁）から都市（中心）に流れ込む人口を無尽蔵に確保できることで可能になりました。労働者には幾らでも予備があるので、商品と実際に交換される労働力の対価のごく一部だけを労働者に手渡すという独善的なやり方が可能だったのです。つまり、資本家はあくまでも強気に、いやなら何時でも辞めろと労働者にいえたわけです。

その当時、大都市が急成長する一方、農村は依然として市場交換よりも互酬交換を中心に動いている共同体でした。一つの国民経済の中で共存するこれら二つのシステムの間の差異が剰余を生み出して、産業資本主義を成り立たせていたのです。しかし、近年に至って先進国の人口増加率が抑制されると共に、農村部にも市場経済が深く浸透して行きました。すると、国内ではこの「貿易」が成り立たなくなり、その結果、産業資本はその新たな条件を求めて生産拠点を第三世界に移していったのでした。これが、グローバル化の第一段階です。

しかし、第三世界でもやがてそうした条件が消滅し始めました。そこで、自ら新たな差異を創造し、そこから剰余を引き出そうとする資本の動きが、昨今のＩＴ（情報技術）革命だと言えます。情報技術の革新が情報資本主義を生み出したのではなく、逆に、絶えず差異を求めて動き続ける資本主義にとっての必要こそが情報技術革命を生んだのです。今や、こうした情報資本主義が私たちの生活を支配し始めました。この現実は、利潤の源を人間の労働が生みだす剰余価値に求めた、マルクスやリカードの人間主義的な経済観（労働価値説）の幻想を明るみに出しました。市場経済（資本主義）とは、岩井克人のいうように、『ヴェニスの商人』の時代と同様、いつの時代でも価値の差異を利用して利潤を生み出すシステムなのです。

五　贈り物と交換

前章までは、互酬的な交換を、主に共同体を統合する仕組みという観点から、大局的に論じてきました。私がこのようにレヴィ＝ストロースの連帯論的な立場を優先させたのは、次の理由からです。個人の利害や心理（負い目）を鍵概念とした場合、互酬的な制度を駆動する原理を説明することは仮りにできたとしても、そもそもその制度が成立した最初の経緯を説明できないのです。

ただ、M・モースの『贈与論』のように、この制度を生きる個々人の利害や心理の委細を問題にしようとする場合には、贈り物が生み出す負い目を鍵概念とすることには確かに利点があります。この章では、そこから開ける見晴らしを中心に議論を進めてみましょう。

（1）負い目と人間的な感情

人々が互酬的な制度を無償の贈り物と見なそうとするのは、経験的には普遍性な事実です。ただし、返礼を少しも念頭におかない無垢の贈り物という概念には、避けがたい逆説が潜んでいます。贈り物があくまでも自発的な無償の行為（「賢者の贈り物」）である限りは、確かに一方的な行為ですから、交換と見なすのは適当ではありません。でも、その贈り物が純粋であるがゆえに、贈る側も受け取る側もそれを贈り物として自覚しないのであれば、その贈り物は人々の意識の中にも、また客観的な現象としてもありえないはずです。だから、ボノボならぬ言葉をもった人間の世界では、贈り物の意識が兆した瞬間に、贈り物は無垢の贈り物ではなくなります。つまり、論理的には、「賢者の贈り物」はありえません。すると、贈り物をする人は、意識的であれ無意識的であれ、または密かな優越感であれ、精神的な満足であれ、必ず何らかの代償を期待しているはずです。

それゆえに、どんなに感謝される場合でも、贈り物は贈られた側に負い目を感じさせずにはおきません。負い目は、屈辱にも通じる感情です。例えば、R・ベネディクトは、有名な日本文化論、『菊と刀』の中で、財貨やサービスを与えられたこと（恩）に感謝する「かたじけない」という日本語の表現の二面性に注目して、次のように述べました。「かたじけない」を「辱い」や「忝ない」と漢字表記する通り、この語には「感謝する」と共に「侮辱された」という意味が込められている。だから、恩を着せられた日本人は実に腹を立てやすい、と。そして、好例として、夏目漱石の『坊ちゃん』を取り上げました。すなわち、山嵐が陰口を利いていると他の教師に告げられると、坊ちゃんは、山嵐に一銭五厘の氷水を奢られた恩が俄に気になって怒りだすのですが、ベネディクトはこの場面を効果的に引用したのです。

交換の相手側が負い目を感じるのは、生命の源である女性の交換がその典型ですが、自分の命の一部ともいうべきかけがえのないものを贈られるがゆえです。負い目は、同じ（価値の）ものを贈り返すことによってしか解消できません。それはAとBの二つの集団の間で相互に交換される場合（「限定交換」）でも、AからBへ、BからCへ、CからDへ……という交換の流れが（Nを経て）再び連鎖状にAに戻る場合（「一般交換」）でも、原理的には同じです。どの集団もが暫くの間甘んじて負い目を引き受ける場合に初めて、友情や同盟という肯定的な社会関係が相互的に形成されます。だから、友情や同盟は、負い目に常に孕まれている敵対の可能性の中で自重し、自制することを通じて初めて達成されるものなのです。

ただし、贈り物を進んで受け取るばかりでなく、拒むことも、また間をおかずに贈り返すこともできます。これらは、負い目を分かち合わずに拒むことであり、あるいは速かに清算することです。さらに、受け取った物以上に大きな価値のある物を贈り返すこともできます。これは、負い目を分かち合うことを拒むだけでなく、一層大きな負い目を相手に与えようとすること、つまり贈り物を対抗や優越、あるいは支配の手段に変える敵対的な対応です。

実際に、北アメリカ北西海岸の先住民の間には、文化人類学がポトラッチ（potlatch）と総称する、そのような慣行が見られました。人々は、寄り集まって住む冬になると、客を大宴会に招いては、夏の間から蓄えてきた富や食べ物を惜しげもなくふるまって過剰な浪費（蕩尽）をしました。招かれた客は間もなく招き返して、一層豪華な返礼をしなければ面目を失ったのです。つまりポトラッチは、威信を賭けた闘争としての贈り物でした。ポトラッチの蕩尽は、白人との接触後の社会・経済的な変化に伴って生まれた現象だとする見方もあります。ただし、「贈与交換」の原理の中に蕩尽が半面の可能性として隠されていたからこそ現実化し得たことは、否定できません。ポトラッチは、集団間の安定した関係が築かれるまでの、過渡的な現象だと考えるのが妥当でしょう。

どの共同体にも、「贈る義務」「受け取る義務」「贈り返す義務」の、三つの義務が必ず同時的に存在しました。それは、これらの義務の連鎖によって、負い目を梃子とした安定的な社会関係を築くことができるからです。これらの三つの義務の観念は、社会の倫理であると同時に、別の側面では法でもあって、それゆえに、贈与交換は避けられない性格のものでした。

贈与交換はあくまでも贈り物として（の装いのもとに）行われなければなりませんでした。そして、どこでも、どんな高価な贈り物もまるで「つまらない物」でもあるようにさり気なく贈られ、さり気なく受け取られることがよしとされます。受け取る者の負い目感情を軽減し、それに伴う対抗や敵対の心理を和らげるためです。しかも、それは個人の倫理的な判断である以上に、作法として、心の趣や身の振る舞いの中に浸透し、深く埋め込まれてきたのです。

このように、負い目感情が駆動する全体的交換がきわめて長い間社会関係の基礎をなしてきた結果、人間の社会は、交換に潜む優越と支配の欲望（社会的欲求）に駆り立てられ、それがいつでも露になり兼ねない性質のものになりました。つまり、人間は、表立ってであれ密かにであれ、名誉や富を求め、威信を賭けて戦う宿命を背負い込んでしまったのです。

遊動的な狩猟採集社会に見られる「分配」の原理は、限りなく贈り物でない見せかけで贈り物を実現する知恵だといえるでしょう。そこでは、一人でこっそり何かを食べることが最も反社会的な行為だとされてきたのですが、文化人類学者の調査によると、実際には各人の狩りへの貢献度や親族関係の遠近、友情の度合いなどが、それぞれの段階の分配に際して忌憚なく論議され、考量されます。つまり分配は、表面的には気前のよい贈り物の形をとらないのです。それにもかかわらず、人間関係の多重な網目が、全体として均等な分配を実現しています。要するにこのような巧みな工夫によって、遊動的な狩猟採集社会の人々は、ほとんど負い目を感じずに手厚い分配に与かることができるのです。遊動的な狩猟採集社会にも互酬、再配分、市場交換の要素も存在するという事実と共に、冷静にこの事実を把握しておきましょう。さもなければ、過度にロマンティックな、しかし皮相な見方から狩猟採集社会を把えることになってしまうでしょう。

ただし、負い目が鬱屈した敵意を生むだけでなく、モースが強調したように感謝や友情の源泉でもあることは、決して見逃せない人間的事実です。全体的交換がもたらす感情は、全体的交換そのものと同様に決して一面的ではなく、複雑な葛藤を孕んで、深い奥行きをもっているのです。

さて、第四章で論じた通り、共同体にとっては外部的である貨幣が、共同体や他人の意思に縛られない自由を人間にもたらしました。それゆえに、商人は外部から共同体に富をもたらすと同時に、共同体の人間的紐帯を脅かす者とも見なされたのです。

(2) 神、祖先、異人、王

商人のこうした性格は、実は、共同体の神や祖先の姿に重なるところがあります。それは、生命もまた、共同体の秩序である文化の外側としての「自然」からもたらされると、人々が考えてきたからです。つまり、共同体の外側にいる神や、共同体の外側にある死者の国(他界)へと排除された祖先が、共同体の人々への生命の贈り手であると観念されました。一例を挙げれば、(例えば観音様の)「申し子」とか誰かの「生まれ代り」という日本語の観念には、そうした発想がよく窺えます。ただ、神や祖先は人間の保護者ではあっても、絶えず生贄などの供え物を捧げて敬うべき存在であり、万一それを怠れば、人間は懲罰を受けることを覚悟しなければなりません。

それで、かつての共同体には旅人などの異人をすすんで歓待するという、どこでも共通の慣行がありました。例えば、ケルト人は、何はともあれ異人をまず食事に招いて歓待し、その後で名前や身分、あるいは出身地を尋ねたといいます。ひょっとしたら神や祖先が身をやつした姿であるかも知れないがゆえに、ともかくも、まずは異人を歓待したのです。異人歓待は、ヨーロッパで広く一般に見られました。また、私は一九七〇年代末にケニアの奥地に住むキプシギスの人々の間でフィールドワークを始めたのですが、これは、当時の私自身の実感でもありました。道を歩くと、どの家の人々からも食事や茶を勧められるので、なかなか先へ進めなかったものでした。

人々のこのような感じ方は、世界中の古い神話や伝承にもしばしば見出すことができます。日本の例として、『常陸風土記』に出る富士・筑波の地名伝説の御祖（みおや）の神や、『釈日本紀』に見える武塔（むとう）の神の物語を挙げることができます。御祖の神は文字通りの祖先神、一方武塔の神は疫病神です。しかし、いずれの場合も、（蓑笠を着けた異人の身なりで）来訪する神を歓待した者たちの子孫が栄え、そうでなかった者たちの子孫が苦しむ、という筋立てになっています。

さらに、異人には王に通じる側面がありました。例えば、日本の中世の王である後醍醐天皇は、稲作共同体の外部や狭間に位置する者たちや、漂泊する者たちを組織しました。即ち、流通業者、漁民、放浪芸人、あるいはさすらう宗教者など、網野善彦のいう「無縁」の者たちです。そして後醍醐天皇は、鎌倉幕府を打倒することに成功したのでした（「建武の中興（新政）」）

後醍醐天皇と「無縁」の者たちの結びつきは、決して偶然ではありません。第四章第3節で考察した通り、王とは調停者として共同体の外側へ、しかも人々の上方へと排除された存在でした。そして、「無縁」の者たちも、人々の下方に向けてではあっても、共同体の外側に排除された者たちであることに変わりありません。だから彼らは、外側から共同体へと富や福をもたらす力を備えた人たちであり得たのです。また、記紀の天孫降臨は、天皇の異人性を誇示する神話です。

実は、アフリカや太平洋の各地でも、初代の王自身がしばしば異人でした。長引く共同体内部の混乱を鎮めようとあえて異人を捜し求めた、という伝承をもつ王国は珍しくありません。また、ヨーロッパでも、王はしばしば国民によって排除され、余所の国から新たに招かれたのでした。

（3）差異を盗む者たちと伝承・芸術

しかしながら、共同体に住む人々が異人に抱いていた感情は、好意と反発が入り交じってせめぎ合う、両義的なものだったと考えなければなりません。先に紹介した、日本の御祖の神や武塔の神の話は、まさしくそれを映しています。

異人として共同体の境界部に現れた者たちの中でも、商人は空間的な差異を利潤に変える者であり、金融業者は時間的な差異を利潤に変える者です。商業資本主義は、両者が手を携えることによって発展しました。ただ、両者に対する人々の感情は決して同じではありませんでした。

商業には、ギリシアの商業神ヘルメスが盗賊の神でもあるように、どこでも一種の盗みのように考えられた時代があります。カソリック圏では、商人たちの営利的な利潤の追求は社会の倫理とは無関係か、むしろそれに反するものであり、富（剰余）は信仰にとっては常に危険なものだと考えられました。それゆえに、豊かな商人が「良心の代価」として莫大な遺産を教会に寄進することが珍しくなかったのです。また、古くから商業資本主義が発達したイスラム圏では、貧しい者への喜捨は富者の義務であり、「ありがとう」と礼を述べるのは施される側ではなく、施す側でした。それは、昇天するための善行を積む機会を与えてくれたことへの感謝を表明する言葉だからです。

日本でも、中世に勃興し始めた商人や流通業者を初めとする「無縁」の者たちは、共同体によってだけでなく、既存の宗教によっても激しく排斥される存在でした。そうした彼らにすすんで救いの手を差し延べたのが、鎌倉新仏教、中でも日蓮宗や浄土真宗です。ことに、蓮如の教えは執狂的に迎えられ、旧来の仏教諸派の間を縫いながら燎原の火のように各地に広まり、強大な本願寺教団が急速に形成されました。でも浄土真宗の寺は、古い伝統的な共同体に属する者たちからは、当初、「エタ寺」と呼ばれて蔑まれ、迫害されたといいます。

しかし、人々の反感は、空間的な差異を利潤に変える商人よりも、時間的な差異を利潤に変える金融業者に一層強く向けられていました。シェイクスピアが一六世紀の終わりに書いた『ヴェニスの商人』からは、その間の事情がよく窺えます。危険な海洋に帆船を駆って長距離交易を行うヴェニスの商人アントニオは、まさに貨幣のもつ投機性と（英国的な）海洋資本主義を象徴する存在です。しかし、当時の人々はそこに人間らしさや男らしさを見ていたように思われます。一方、ユダヤ人の金貸しシャイロックは、まるで二〇世紀の銀行家のように怜悧で合理的です。ところが、彼はひどく憎まれていて、人々は巧妙な策略と奇矯な論理を弄して二人の間の裁判を私し、シャイロックを破滅させるのです。私には、空間的な差異を利潤に変える者たちが、時間的な差異を利潤に変える者をよってたかって愚弄し、その財産をむしり取っているように思えるのです。

実際、ヨーロッパ人の金融業者に対する蔑視は凄まじいものでした。『ヴェニスの商人』は、イタリアの一四世紀の物語集『イル・パコローネ』を下敷きにしているようです。例えばそのイタリアを代表する詩人であるダンテは、ルネッサンスの先駆けとなった『神曲』の中で、蚤や蝿にたかられながら首から下げたカネの袋を眺めてはやにさがっている、と高利貸したちを描写し、揶揄しています。

また、北部イタリアのパドバにあり、ジオットのフレスコ壁画で名高いスクロベニ礼拝堂は、貴族であるエンリコ・スクロベニが、亡き父親レジナルドの罪を贖おうと一三〇五年に建立したものです。レジナルドは教会から埋葬を拒否されましたが、それは高利貸しを生業にしていたからです。そして、ジオットがこの教会の内壁に描いた『最後の審判』には、地獄に落ちて、ほとんどダンテが叙述したままの姿で悪魔の拷問を受ける、高利貸しの姿が描かれているのです。ルネッサンス期に高利貸しとして成功を収め、やがてフィレンツェの覇権を握ったメジチ家が厚く芸術を保護した背景にも、スクロベニと同様の深い罪悪感が横たわっていました。

日本でも、これに通じる社会状況があったようです。文化人類学者小松和彦は、各地に伝わる数多くの異人伝承を分析して、次のように述べています。近世後期から近代になると、村落共同体内部の経済的な変動が、異界からではなく、貨幣によってもたらされることが自覚されるようになりました。すると、訪れてくる異人である乞食、座頭、六十六部たちが姿をやつした異界の神々であるかも知れないという共同的な幻想が薄れていきます。そして、「異人殺し」の伝承が各地に現れ始めるのですが、これらの伝承には、貨幣経済の中で解体していく村共同体の未来が透けて見えている、と。

（4）現代日本の互酬と社会

とはいえ、日本では互酬に依存する社会の体質は、ごく近年まで温存され、あるいはつい昨日まで確実に生き残っていたと考えなければなりません。

M・ヴェーバーは『プロテスタンティズムの倫理と資本主義の精神』の中で、禁欲的プロテスタンティズムの諸派が真っ当な労働による利潤の追求を神の摂理と捉えて内面からそれを強く動機付ける、彼ら独自の職業倫理観を導き出すに到る、複雑に屈折した因果連鎖の過程を説得的に描いています。こうして、商業資本主義に見られる「後ろめたさ」が宗教的に克服されることによって初めて、しかも「予期せぬ結果」として産業資本主義が成立することになるのです。

ただ、市場メカニズムを組み込んだ近代的な市場交換のシステム（資本主義）がヨーロッパで確立されるのは、一九世紀に入ってからですが、これはフランス大革命に続く市民社会の成立と符節を共にしています。市民社会は、個人が国家と直に向き合い、村、ギルド、教区など、共同体である中間団体の干渉なしに、自由に交易活動ができる空間として創設されたといえます。市場経済は、種々の問題を孕みながらも、個人を共同体の規制から確実に解放すると同時に、市民社会に対する個々人の責任を次第に増していきました。

しかし日本では、明治維新を機に、資本主義化の試みと共に国民国家が急激に立ち上げられてからも、市民社会は容易に実現しませんでした。そして、社会、経済、政治などのどの分野でも、直接的な共同体的利害が及ぶ狭い範囲である世間の規範が、依然として支配的でした。一九九〇年代半ばに泡沫経済（「バブル」）が弾けて「日本的システム」が瓦解し、政官財の果てしない癒着とモラルの阻喪が白日の下に曝されました。一言でいえば、自由で民主的な装いをもった社会、経済、政治が、少数者の間の互酬的な利害関係に絡め取られて、暗々裏に運営されてきたことが明らかになったのでした。その一つの先例である田中角栄の派閥と党の運営は、まさに南太平洋のビッグマン・システムを彷彿とさせるものでした。

もう一度、クラ交換を思い出して下さい。壮大なクラの互酬の環には、瑣末なギムワリの市場交換が付随していました。ところが、日本では、少数者の贈答という瑣末な互酬の環に、巨大な市場交換が連結して運営されていたのです。互酬は、表面上の形式論理では、あくまでも等価な交換です。でも、現実にはそうはならず、交換を構成する諸要素の間には大概不整合（駆け引き）が見られることを、献酬という単純な例を挙げて具体的に示しました（第一章第3節）。他意のない純粋な贈り物という互酬世界の倫理が公認の虚構として生き残り、それに封じ込まれた様々な駆け引きが幾重にも弄されてきたのです。

こうした私的な全体的交換が国家システムを牛耳るという伝統が払拭されない限り未来がないことは、日本の「失われた一〇年」と呼ばれる一九九〇年代を経た今では、もはや世界中の誰の目にも明らかです。要は、全体的交換と近代的な市場交換が別々の起源と原理を持つことを公に明示して、両者の混同と連動を厳しく戒める倫理と法律を確立することです。一言でいえば、駆け引きの手段としての接待文化をきっぱりと清算しなければなりません。

（5）喜びの秘密

しかしながら、それは贈り物による「触れ合い」の全てを放棄すべきだということを決して意味しません。資本主義経済は、伝統的な共同体を解体し、個人をバラバラにして、巨大な渦巻きをなしている世界の真っ只中に放り込みました。人々は共同体の拘束を離れて自由を獲得すると同時に、日増しに互いの接点を減らし、「触れ合い」の温かみから遠ざかりました。その場限りで関係を払拭する市場交換は、「触れ合い」を通して人々の心を温める回路をほとんどもちません。そして、今や剰余を求めて自ら差異を創りだす情報資本主義の時代です。それはＩＴ革命によって地球の隅々を籠絡する一方、家族を含めて、身に近い者同士の接点を益々希薄にしつつあります。

先に紹介した通り、小松和彦は、日本では近世後期に人々が貨幣経済を理解し始めると、外部から福や富を共同体にもたらす神の実在が疑われ、異人来訪譚が異人殺し譚へと変質したと論じました。ただし、大局的に世界を見回してみると、異人に対する神話的な、あるいは民俗的な想像力は、その後さらにもう一度大きく変質したといえるのです。この変化は、一九世紀から二〇世紀への曲がり角に兆し始め、二〇世紀が前半から後半へと折り返す辺りで定着したようです。それを、世界中に最も遍く知られた異人＝神、つまり来訪する神であるサンタクロースと、クリスマスのイメージの変化から考察してみましょう。

一八九七年のこと、アメリカの八歳の少女バージニア・オハンロンは、サンタクロースなど実在しないと友達にいわれます。彼女はどうしても納得できず、『ニューヨーク・サン』紙に宛てて、事の真偽を質す手紙を書き送りました。これに答えたフランシス・P・チャーチ記者の有名な論説の趣旨は、次のようなものでした。あなたのような愛らしい子供がいない世界が考えられないのと同様に、サンタのいない世界などは考えられません。世界に満ち溢れて毎日の暮らしに楽しみと潤いを与えてくれる愛や真心が目に見えないのと同様に、サンタを見た者がないことは、彼が実在しない証にはなりません。本当にサンタがいないのなら、人生の苦しみを和らげてくれる子供らしい信頼も世界から消え失せてしまい、人間の味わう喜びは、ただ目に見えるものと、ただ手に触れるものだけになってしまうでしょう。

誰かに物を贈ること、また贈られることは、生きることとの最も根源的な喜びです。たとえば、日頃はクッキーに見向きもしない子供たちも、誰かから手作りのクッキーを贈られると先を争って食べたがるものです。遠く離れた家族から届く宅配便は、老人たちの心をどんなに慰めていることでしょう。何かを与え、何かを受け取ること。それは、自分と相手が通じ合って一つになる「触れ合い」を受け入れることであり、性の悦びに密かに通じてさえいるでしょう――第一章で見た、あのお祖父さんと孫娘の「触れ合い」のように。

O・ヘンリーが「賢者の贈り物」を書いたのは、まさに二〇世紀の幕が上がった直後、つまりチャーチの論説から数年後のことでした。世紀の曲がり角のアメリカでは、クリスマスは、贈ることと贈られることの喜びを確かめ合う特別の季節として希求されるようになっていたのです。「賢者の贈り物」に込められた願いは、実はO・ヘンリーの個人的でロマンチックな夢想に過ぎないのではなく、当時のアメリカの時代精神を映していたというべきでしょう。T・カポーティは、現代のバロック的な闇を描き続けた作家でした。でも、彼の自伝的な『クリスマスの思い出』は、少年時代（一九三〇年代）のクリスマスを、贈り物のケーキ作りに全霊を捧げる無垢の喜びに輝く待望の季節として描いた、限りなく美しい作品として人々から愛されています。

一方、フランスのディジョン市大聖堂の前庭で、サンタクロースの像が火あぶりの刑に処せられたのは、一九五一年のクリスマス・イヴのことでした。サンタは、クリスマス（キリスト降誕祭）を横領して異教化する異人として、聖職者から断罪されたのです。ところが、サンタクロースの「迷信」を擁護し、その像を灰の中から「復活」させたのは、皮肉にも無宗教の合理主義者たちでした。複雑な来歴をもつ各地の雑多な慣行から一つの統一的なイメージを引き出して、それをサンタクロースとして育てあげたのは、先に見たように、世紀の曲がり角のアメリカでした。ただ、アメリカに強く触発されたとはいえ、二〇世紀の半ばには、ヨーロッパもまたサンタクロースのクリスマスを自分たち自身の行事として作り上げ、定着させていたのです。

子供は、贈ることの暖かさと幸せを大人たちに贈ってくれます。確かに、凍える北欧の冬が幾つかのサンタの原像を生み育てました。ただし、それを今日の陽気なサンタへと結晶させたのは、市場交換と合理主義に凍りついた大人たちにとっての必要でした。だから、サンタの伝承は、富を携えて来訪する異境の神々を信じた古い歴史の忘れ物なのではありません。それは、新しい時代の中で輪郭を整え、生の意味に深く浸されて現に今を生きています。それを大切に守り育んできたものは、まさにそれが在在しないことの空虚さを恐れる、人々の思いでした。

六　市場、政府、人間

（1）市場と社会

アダム・スミスは、市場メカニズムが「神の見えざる手」として働いて、自由放任のままでも経済は自ずと均衡を保つと考えました。しかし経済学者の岩井克人は、このような純粋な資本主義という理念は自己矛盾だとして、次のように主張します。市場メカニズムとは、商品と商品との間の相対的な価格を調整して個々の市場を均衡させるメカニズムであるに過ぎません。だから、商品全体に対する総需要と総供給とがかけ離れてしまうマクロな不均衡については、「神の見えざる手」は働きません。資本主義がこれまで何とか釣り合って決定的な破綻を回避できたのは、労働市場で市場原理が働いていなかったり、非営利的な再配分を行う機構として国家がうまく働いてきたからです。ところが、グローバルなインターネット上の情報資本主義は、まさしく純化された資本主義ですから、今後、資本主義本来の不安定性が従来とは比較にならない巨大な規模で現れてくるはずだ、というのです。（その後、まさしくその通りになりました）。

情報資本主義は、貨幣自体を商品とする投機を生みだしました。今や、その取り引き額は物の取り引き額の千倍にも達しています。そして、その社会から分離した論理の自己運動は、一九九〇年代末に、ヘッジファンドの暴走という形でアジアの経済を一挙に連鎖的に破綻させたのです。そして、最も手ひどい打撃を被ったのは、どこでも、いつもながら若年層や老人層、中小企業、臨時職、地方という周縁的な要素でした。

資本主義経済は絶えず大量の弱者を作りだし、経済からだけでなく、社会そのものからも排除してしまうという根源的な矛盾を抱えています。しかも、もう一度社会に迎え入れる可能性をほとんど残さず、その莫大な負担を社会に負わせるのです。国家は、失業が税の減収を招き、地域社会を崩壊させることを恐れて、経済から排除された人々の救済を有効な先行投資と見る政策をとると考えるのが普通でしょう。ところが、日本では純粋な資本主義という理念が声高に鼓吹され、「自己責任」の名の下に、こうした政策が回避されてきました。一九九五年一月の兵庫県南部地震の事後処理が、その典型的な例です。しかも一方では、経済システム維持の大義名分の下に、破綻した金融機関の再建には無尽蔵の税金が注ぎ込まれ続け、経営責任が厳しく問われることがなかったのでした。

しかも、経済的な安全ネットを築けば事足りるわけではありません。人々が、自由でありながら、生きることの喜びを感じ取ることができ、安定した帰属意識をもてる社会が必要なのです。

（2）市場と政府を超えて

すると、今、市場か政府かの二者択一を問う以上に、我々は資本主義経済と国家の両方のシステムの役割を根本から厳しく見直し、そのどちらにも強く依存しない生き方を自助として築く必要があるでしょう。その鍵は、私たちの時間観をもう一度問い直すことにあります。金融業は、時間の差異を信用に替えて剰余を生みます。しかし、イスラム銀行は、この時間観を否定して利子を取りません。この場合、時間は剰余を生む力ではなく、交換を贈り物に変える力なのです。ここに、贈与交換の原理を現代に活かす知恵の一つの形を発見できるはずです。

カナダのM・リントンが創唱した地域交換取引制度（LETS）は、市場を介する地域外との取り引き量を抑えて地域内で必要を補い合う、独自の通貨を伴う制度です。誰もが、自分のできることを自発的に登録して、互酬的な交換のネットワークに参加できます。取引は同意に基づき、その情報は全て公開され、システムは無利子で非営利的に共有されます。北米、ヨーロッパ、オセアニアを中心に既に二〇〇〇以上の地域で実施されていて、カナダやイギリスは、やがて国民経済の三分の一をLETSに移したい意向だと伝えられます。

LETSの場合も、重要なのはやはりその時間観です。全く経済的な動機に由来する資本主義の「信用」とは異なり、イスラム銀行やLETSでの相互関係である「信頼」は、価値、文化、倫理などの総体を動機としています。信用は時間の差異を剰余に変えますが、信頼は時間の差異を贈り物に変えるのです――そう、チャーチ記者が、信頼こそが人生の苦しみを和らげてくれるのだといった通り。しかも、すぐに頼母子が連想されるように、着想そのものは贈与交換の知恵を基盤としていて、真新しいものではありません。ただ、(流通地域を限定した) 独自の貨幣を用いることで、一定の規模の確保と自発的で多元的なネットワーク作りとを達成しています。本書の視点からは、参加者、特に弱者に負い目を感じさせない工夫として貨幣形態を交換に導入した点が高く評価できます。無論、既に詳しく見た通り、贈与交換に伴う負い目を緩和する巧みな工夫は、ムブティ・ピグミーのような産業化以前の社会から既に存在した歴史の古い知恵でした。

ここで、もう一度ラウンドを思い出して下さい。ラウンドは、結局誰一人として得も損もしないシステムです。しかし、参加者の誰もが気前のよい贈り手として称賛されると共に、贈り手としての他の人々にも感謝する相互性によって友情を築き、人々にとって生きる喜びの源となっています。LETSは、ラウンドを大規模で複合的にし、しかも拘束性を大きく緩和したようなシステムです。しかも、生産とサービスを基礎に、人々の暮らしを支える実質をもっています。ただ、LETSには、老人たちが借りを決済せずにこの世を去るかもしれないという、部分的な綻びの可能性があります。しかし、その場合にこそシステム全体からの贈り物が実現すると考えることができれば、「信頼」のシステムは完全なものになるといえるでしょう。

おわりに

ヒトは、インセスト・タブーと全体的な交換を発明して、人間という新たな存在のあり方を実現しました。それは、恐らく、群同士が激しく抗争するチンパンジー型の「社会」を抜け出す画期的な発明でした。ただ、第三章第3節で述べた通り、それは個人、特に女性を抑圧する側面を強くもっていたのです。ところが、既に長い歴史過程を経た結果、人間社会成立の条件であった全体的な交換は、今や地球上のどの地域でも絶対的な前提条件ではなくなりました。メッセージの交換（言語）の圧倒的な発展によって、贈与交換としての経済と女性の交換（結婚）は社会を統合する働きを薄め、この両面では個人の自由度が確実に増したのです。そして、象徴を操る能力である言語は、貨幣という象徴を組み込んだ市場経済を発展させる手段となって、個人を共同体から解き放ちました。実際、今や、家族という最も根源的な共同体でさえも、確固たる存在の基底を徐々に失いつつあります。

貨幣が個人に自由をもたらした事実は、確かに重要です。しかしながら、贈り物という全体的な交換と家族の役割が既に終わってしまったわけではありません。最も親愛なる異性との配偶関係を諦めるという犠牲を払ってまで動物の環境拘束性を脱した人間。贈り物による「触れ合い」は、その償いとして人間が創り出した愛、つまり「性愛」（エロス）の具体的な形なのであり、今でもなお生きる喜びのかけがえのない源泉なのです。贈る喜び・贈られる喜びとは、突き詰めれば、承認し、承認される喜びです。それは、他者を他者として認知することと、自分が自分であると認知されることとが相互的に媒介されて保証される、全体的（holistic）な経験です。家族は、そのような全体的な交換と経験の基本的な場として、今もきわめて重要なのです。

一九九七年、或るテレビのニュース番組で一人の高校生がした発言が、全国の人々を震撼させました。自分は厳しい懲罰を恐れるので殺人を犯さないものの、殺人が悪である根拠が判らないというのです。しかも、「理由なき殺人」世代の心理状態の一端を窺わせるこの発言に、同席した大人たちは誰一人としてきちんと反駁できませんでした。これは一体どうしたことでしょうか。

この少年の問は、社会が家族集団間の女性の交換による共同体的連帯に基礎付けられていた時代が去った今も人々がインセスト・タブーを犯さないのはなぜか、という文化人類学的な問にも重なるものです。この二番目の問の答は、「他人との複合的な相互関係として成り立っている自己が崩壊してしまうから」、となるはずです。そして、あの少年自身の問への答は、「現に自己に承認を与えて支えてくれている人たちを殺してしまえば、それを支えとして成立している自己が崩壊してしまうから」、であるはずです。しかも、それは私達の内面に深く浸透して自ずと身体感覚と化した、長らく疑う余地のない生の前提でした。彼があのような疑問を抱いたのは、人々との「触れ合い」から自らを隔絶した結果、相互に承認し合い、相手の喜びを自らの喜びと感じ取ることがないまま生きてきたからに違いありません。

私達は、今、資本主義がどこまでも純粋な形式論理として運動し始めていること、そして、放っておけば外側から社会と人間を今よりも遥かに深く支配し、個々の内面から崩壊させるだろうことをはっきりと自覚しておかなければなりません。例えば、生命科学は仮りに人間に未来の可能性を開くものであるとしても、その資本主義化（産業化）は人間の存在を根源から打ち砕くことになるでしょう。また、インターネットの普及は、個人の自由度を高めると同時に、人々との「触れ合い」の回避と排除にも繋がります。だから今、市販されているものと同じソフト・ウエアをインターネット上で無料公開するコピー・レフトの運動、またLETSやNPOを初め、市場にも国家にも依存しない全体的な社会交換の質をもつ様々な運動が、今や何より重要な意味をもっているのです。

そう考える時、この国の伝統を足下からもう一度見直し、例えば、遍路に無償の援助を与える四国の人々の異人歓待の伝統を今日の社会的な脈絡で把え返すことが、ことさらに貴重な知恵への回路となり得るでしょう。四国には、毎年、リストラされたサラリーマンや将来の夢が見えない若者など、経済と社会から排除された人々が訪れて来て遍路となり、生きる拠り所を求めて遍路道を歩き続けています。人々は、村外れに茶堂（ちゃどう）を、あるいは善根宿を設けて、茶菓や一夜の宿と食事を「お接待」してきました。お接待は、一期一会を思っての無償の行いだとされています。無論、仏に向かってなされる贈り物であり、仏の救済を求る交換であると捉えることもできるでしょう。しかし、人々からお接待を受けたことへの新鮮な感動と深い感謝の念が病み疲れた人々に信頼する力を蘇らせ、もう一度社会へと立ち向かわせてきた事実を軽視することはできません。

私たちは、私たちの社会に深く根を張っている「接待」の慣行を、今徹底的に糺さなければなりません。また、それと同時に、「お接待」の伝統の意味をもう一度積極的に汲み取り直して、そこからLETSやコピー・レフトなどの多様な試みへと繋がる運動を用意しなければならないでしょう。市場にも国家にも依存しない自助としての贈与交換的な運動は、他国の先進的な実践に範を求めるとしても、この国の人々が長く馴染んで来た暮しの親しい感覚に沿って築かれる時に、最も滑かに浸透すると思われるからです。たとえどんなに小さくとも、私たち自身の伝統に積極的な側面を見出し、それを人々の今この時の生の意味に新たに深く浸してみなければならないでしょう。

【付記】三月、この季節、皆人が東日本大震災を想起する。避難所で先着の被災者が後続の被災者に乏しい食糧や水をすすんで差し出す映像に世界が心底驚嘆し、人間の原点の何たるかを今更ながら思い知った。死後は長い長い箸を使うので、地獄の亡者には食べ物を口に運ぶ術がないが極楽では互いに相手の口へと箸を運んで安らかなのだと、日本人は長く言い伝えてきた。人間とは、生きる糧を即自的に自給自足せず、必ず他者から得、必ず他者に贈り返す生き方を刷り込まれて自己形成してきた生き物なのだ。交換論の大前提をなすこの真理を日本人は見事に捉え、この上なく素朴で平易な譬えで犀利に言い伝えてきた。

他方、プロテスタントは、「意図しない」結果ながら、交換の不均衡に伴う「負い目」を完全に払拭して省みない思考法を案出したのだ。その時以来資本の不断の自己運動が始まり、「地理上の発見」を機に世界を画一化するグローバリズムが進行し、ついに一握りの人たちが地上の富の過半を独占して恥じない強欲資本主義を現出させてしまった。

時は今、三月、東日本大震災を心静かに想起し、我々の先祖の「素朴なる明断」に深く思いを致したい。失われたがゆえに、失われることのない知恵を再発見したのだから。

（第八刷に寄せて　二〇一八年三月一一日　小馬　徹）

著者紹介

小馬 徹（こんま とおる）

1948年、富山県高岡市に生まれる。一橋大学大学院社会学研究科博士課程修了。博士（社会人類学）。大分大学助教授、神奈川大学外国語学部教授を経て、現在同人間科学部教授。文化人類学・社会人類学専攻。1979年以来、ケニアでキプシギス人を中心にカレンジン語系の人々の間で長期参与観察調査を30数度実施、現在も継続中。

人類学の著作に『ユーミンとマクベス』（世織書房、1996年）、『コミュニケーションとしての身体』（共著、大修館書店、1996年）、『紛争と運動』（共著、岩波書店、1997年）、*Conflict, Age & Power,* Oxford: James Currey, *et. al.*（共著、1998年）、『開発の文化人類学』（共著、古今書院、2000年）、『近親性交とそのタブー』（共著、藤原書店、2001年）、『カネと人生』（編著、雄山閣、2002年）、『新しい文化のかたち』（共著、御茶の水書房、2005年）、『放屁という覚醒』（筆名O・呂陵で、世織書房、2007年）、『世界の中のアフリカへ行こう』（共著、岩波書店、2009年）、『海と非農業民』（共著、岩波書店、2009年）、『読解レヴィ＝ストロース』（共著、青弓社、2011年）、『グローバル化の中の日本文化』（共著、御茶の水書房、2012年）、『植民地近代性の国際比較』（共著、御茶の水書房、2013年）、『境界を生きるシングルたち』（共著、人文書院、2014年）、『文化を折り返す』（青娥書房、2016年）、『フィールドワーク事始め』（御茶の水書房、2016年）『「統治者なき社会」と統治』（2017年、神奈川大学出版会）、『「女性婚」を生きる』（2018年、神奈川大学出版会）など多数。他に『川の記憶』〔田主丸町誌第1巻〕（共著、第51回毎日出版文化賞受賞、第56回西日本文化賞受賞、1996年）、『河童』（共著、河出書房新社、2000年）、『系図が語る世界史』（共著、青木書店、2002年）、『宗教と権威』（共著、岩波書店、2002年）、『日向写真帖　家族の数だけ歴史がある』〔日向市史別編〕（共著、第13回宮崎日々新聞出版文化賞受賞、2002年）、『ライオンの咆哮のとどろく夜の炉辺で』（訳書、青娥書房、2010年）、『河童とはなにか』（共著、岩田書店、2014年）を始め他分野の著作がある。

装画：修道士にお金を貸すヴェネツィアの金貸し：
14世紀ヴェネツィアのある教会組織の土地台帳につけられた挿画
（ヴェネツィア：大司教神学校図書館）写真提供：W. P. S.

神奈川大学評論ブックレット 9

贈《おく》り物《もの》と交換《こうかん》の文化人類学《ぶんかじんるいがく》
——人間《にんげん》はどこから来《き》てどこへ行《い》くのか

2000年 8 月31日　第 1 版第 1 刷発行
2018年 3 月31日　第 1 版第 8 刷発行

編者——神奈川大学評論編集専門委員会

著者——小馬 徹

発行者——橋本盛作

発行所——株式会社御茶の水書房
〒113-0033 東京都文京区本郷5-30-20　電話 03-5684-0751

装幀——松岡夏樹

本文設計・組版——小林昌人

印刷・製本——東港出版印刷株式会社

Printed in Japan
ISBN978-4-275-01827-4 C1039

「シングル」で生きる—人類学者のフィールドから—

椎野若菜編

文化人類学は研究者が実地調査で出会った人々とともに歳をとり経験を重ねる中で生かされるものである。「シングル」をテーマに日本の文脈や土地の文脈から考察した共同研究。

四六判・二五二頁・一八〇〇円

文学の心で人類学を生きる—南北アメリカ生活から帰国まで十六年—

前山　隆著

三角形の比較文化論を生きる。日本・ブラジル・米国それぞれを頂角とする三角形、そこで人類学的学習とフィールドワークを重ねて人間の営みを凝視する。理屈ではなく生活を記述。

菊判・三三〇頁・二八〇〇円

須恵村の女たち—暮らしの民俗誌—

R・スミス／E・ウィスウェル著　河村望・斎藤尚文訳

ムラの女たちはどう生きたのか、日本農村研究の歴史的名著の完訳！　アメリカの人類学者エンブリーによる日本農村調査に同行したエラ夫人がとらえた昭和初期の日本農村女性群像。

A5判・五七〇頁・三八〇〇円

開発フロンティアの民族誌—東アフリカ・灌漑計画のなかに生きる人びと—

石井洋子著

アフリカ社会の自立的発展のための「開発」援助とは何か。人類学的視点による調査方法で地域のひとびとや社会変動を描き、方法論を提言する。二〇〇八年度国際開発学会奨励賞。

A5判・三二八頁・四八〇〇円

ブラジル民衆本の世界《増補版》—コルデルにみる詩と歌の伝承—

ジョゼフ・M・ルイテン著／中牧弘允・荒井芳廣・河野　彰・古谷嘉章・東　明彦訳

民衆文学を派生した吟遊詩人の伝統が今なお息づくブラジル。小冊子＝コルデルを通し民衆文化の深層に迫る！「コルデルにおけるサッカー」を増補したフォーク・コミュニケーション論。

菊判・三六八頁・五二〇〇円

ラディカル・オーラル・ヒストリー—オーストラリア先住民アボリジニの歴史実践—

保苅　実著

歴史学の「普遍性」の下で、先住民の多様な歴史群が排除・包摂されることを問題化する。〈真摯さ〉をてがかりに、異文化の歴史に「聴きいる」ことで、歴史学の新しい可能性を探る。

A5変判・三四〇頁・二二〇〇円

アイヌ口承文学の認識論《エピステモロジー》—歴史の方法としてのアイヌ散文説話—

坂田美奈子著

アイヌ口承文学の認識論の理解なくして、アイヌ史の叙述は可能か。アイヌが経験した抑圧と自立性の関係を適切に言語化できない歴史学、異なる認識論同士の交渉の痕を大胆に検証する。

A5判・二四六頁・五六〇〇円

死者たちの戦後誌—沖縄戦跡をめぐる人びとの記憶—

北村　毅著

「戦死後」という新たな観点で戦死者と戦跡をめぐる記憶を再構成。戦死者の命をめぐるエスノグラフィー。沖縄タイムス出版文化賞・沖縄文化協会賞・澁澤賞受賞。

A5判・四三二頁・四〇〇〇円